일본의 연중행사와 관습
120가지 이야기

일본 황실 도서관의
수석 연구관에게 직접 듣는

일본의 연중행사와 관습
120가지 이야기

이이쿠라 하루타케 지음
허인순・이한정・박성태 옮김

어문학사

謹賀新年

皆様のご健康とご多幸をお祈りいたします
今年もどうぞよろしくお願い申し上げます
2006.1.1

昨年10月に、二人で北京に行っ
てきました。ご来日を待っています。

〒666-0257
兵庫県川辺郡猪名川町白金3-20-8
TEL&FAX 072-766-5357

佐治　圭三　芙美子

拝啓
　万緑の候、皆様には御健勝のこととお慶び申し上げ
ます。
　さて、私、本年3月をもって、12年間勤めてまいり
ました京都外国語大学を、定年退職し、1955年よ
りの、国語教師・日本語教師としての勤務生活に終止
符を打ちました。
　この間、皆様には公私ともに大変お世話になりまし
て、まことにありがたく、厚く御礼申し上げます。
　また、私、糖尿病の合併症のために、昨年末から2
ヶ月半ばかり入院しまして、皆様にはご心配・ご迷惑
をおかけし、年末・年始のご挨拶をはじめ、何かと失
礼いたし、この挨拶状も遅くなりましたこと、まこと
に申し訳ございませんでした。おかげさまで、徐々に
ではありますが、快方に向かっております。
　今後は、健康を第一に、身に合った楽しみを見つけ
ながら過ごしていきたいと思っております。
　末筆ながら、皆様のご健康とご多幸をお祈り申し上
げ、ご挨拶とさせていただきます。
　　　　　　　　　　　　　　　　　　　　　敬具

2003年7月吉日
〒666-0257
兵庫県川辺郡猪名川町白金3丁目20-8
TEL&FAX 072-766-5357
　　　　　　　　　佐治　圭三

일본인들은 편지를 쓸 때 서식을 비롯하여 문체, 언어 표현 등에도 세심한 배려를 한다.

경사스러운 일에는 홍백, 금은, 금홍 등 두 가지 색의
미즈히키를 세 줄 또는 다섯 줄로 한다.

에도 시대까지는 주로 매장을 했지만 메이지 시대 이후 매장이 금지되어 지금은 화장을 한다. 절이나 집 근처에서도 **묘지**를 흔히 볼 수 있다.

┃ 신사 입구에는 **도리이**(입구에 세운 기둥문)가 있으며 도리이의 유무를 보고 절과 신사를 구별한다.

머리말

전쟁에서 패한 후, 일본은 눈부신 발전을 이룩하여 세계 제일의 경제 대국이 되었습니다. 그 과정에서 일본인은 온갖 편리한 물건들을 만들어 오면서, 오직 생활의 쾌적함만을 추구했습니다. 그러나 한편으로는 지금까지 계승해 온 여러 전통들을 방치해버린 면이 있는 것 또한 사실입니다.

원래 일본은 주된 생업으로 농작물을 재배하면서 사계절 내내 자연의 혜택을 입었기 때문에 계절의 변화를 매우 소중히 여겨왔습니다. 일년 중에 수차례 하레ハレ의 날을 정해 하루하루 생활의 변화와 윤택함을 추구했습니다. 그리고 자연에 감사하며 그 속에서 살아가는 자신들의 생활이 무사태평하기를 기원했습니다.

또한 인생의 고비마다 갖가지 행사를 치렀습니다. 출생, 성장, 장수 등 삶의 과정을 축복하면서 조상에게 깊이 감사하며 자손 대대로 번성하기를 기원했습니다.

이러한 역사에서 발생한 연중행사와 관습은 일본인이 오랜 역사 속에서 길러온 생활의 지혜이며, 풍부한 인생관의 징표이기도 합니다.

현재 많은 전통행사가 점점 잊혀져 가고 있으나, 여전히 생활 속에 살아 숨 쉬고 있는 것도 많습니다.

예를 들어 평소에는 하루하루 생활에 쫓기어 전통에 무관심하지만 정월에는 가가미모치鏡餠를 준비하고, 신과 부처에게 한 해의 행복을 기원합니다. 또 액년에는 신사나 절에 가서 액운을 없애는 의식을 치르거나 달력에 적힌 대안大安·불멸仏滅에 따라 결혼식이나 장례식 날짜를 잡는 경우도 있습니다.

이 책에서는 이와 같은 연중행사와 관습을 소개하면서 그 역사적 유래를 살펴보았습니다. 여러 가지 전통행사가 잊혀져 가고 또 그 형태만이 남은 가운데 다시 한 번 이들 전통의 유래를 되짚어 보는 것은 일본인의 풍부한 인생관을 재발견하는 계기가 될 것입니다.

마지막으로 이 책의 출판에 많은 도움을 준 존경하는 친구 간노 히사시 씨에게 감사의 마음을 표하고 싶습니다.

이이쿠라 하루타케飯倉晴武

차 례

제3장 연중행사의 관습

[•]• 일러두기

• 지명 및 인명, 문화 사항 등은 외래어 표기법에 따라 일본어 음으로 표기하는 것을 원칙으로 하였
  다. 다음 사항에 대해서는 예외로 하였다.
  – 한국어로 굳어진 말은 한국어음으로 표기하였다(슌분노히春分の日 → 춘분).
  – 문화 용어에서 한국의 관습과 비슷한 것은 한국어로 번역했다(조니雑煮 → 떡국).
  – 그러나 차이가 있는 것은 일본어 음으로 표기했다(칠석七夕 → 다나바타).
• 주는 역자들이 단 것이며, 본문의 24절기 표, 간지와 시각, 방위의 표, 가가미모치의 그림을 제외
  한 사진 자료는 독자의 이해를 돕기 위해 역자들이 선정하여 첨부한 것으로 원작에는 없다.

* 사진 제공 : 허인순, 이한정, 박성태, 문길주, 아오모리 쓰요시, 아베 다카노리, 이영일, 이은아, 정
  세현, 정혜영, 최혜선, 일본정부관광국(JNTO)

제1장
일본인의 자연관과 신앙

전기나 일기예보가 없던 시절에 사람들은 일상생활이나 계절이 바뀌는 기준을 자연 속에서 읽었습니다. 메이지 시대 이전에 살았던 일본인이 사용한 음력도 달이 차고 기울어지는 것을 기준으로 삼아, 갖가지 자연의 일들을 가미하여 생활에 더 밀착된 형태로 만들어졌습니다.

더욱이 농경이 주된 생활수단이었던 때, 일본인은 자연현상이나 산천초목 등 모든 것에서 신을 발견했습니다. 자연의 만물을 신으로 공경하며 농작물의 풍작을 기원했으며, 농사일을 함께 하는 공동체의 결속을 도모해왔습니다.

이러한 시간과 자연, 신앙에 대한 독자적 감성은 일본의 전통적인 관습, 연중행사의 밑바탕에 살아 숨 쉬고 있습니다.

음력 旧暦

　달력은 일상생활 속에서 빠뜨릴 수 없는 것입니다. 어느 집이나 벽에는 달력이 걸려 있고, 들고 다니는 수첩에도 반드시 달력이 있습니다. 당연히 옛날 일본인도 달력을 일상생활의 표준으로 삼았습니다.

　지금은 태양의 공전을 기준으로 하는 태양력을 사용하지만 예전에는 고대 중국에서 전해진 음력을 사용했습니다. 음력은 달이 차고 기울어지는 것을 한 달로 하는 태음력을 말합니다. 음력에서는 초승달이 그 달의 초하루로, 열닷새가 보름에 해당합니다.

　그러나 달이 차고 기울어지는 주기는 약 29일이므로 태양의 공전에 의한 계절의 변화와는 차이가 생겨 농사일에 불편했습니다. 그래서 그 차이를 메우기 위해 태양이 한 바퀴 도는 1년을 24등분해서 계절을 「24절기」로 구분하게 되었습니다. 또 「잡절雜節01」이라고 하는 구분도 있었습니다.

　즉 음력은 태음력에 태양력의 요소도 취한 태양태음력을 가리킵니다.

　그러나 음력에서는 입춘을 신년으로 하기 때문에 현재의 달력과는 약 1개월의 차이가 납니다.

　이 음력은 메이지 5년(1872)에 양력으로 바뀌었고, 이듬해부터 세계에서 공통으로 사용하는 양력을 쓰게 되었습니다. 그러자 그전보다 달력일이 약 1개월 정도 빨라져서 종래의 계절 감각에서 보면 아직 12월

인데도 정월 행사를 해야만 하는 등 특히 연중행사에서 모순이 생겼습니다.

게다가 계절감을 맞추기 위해 음력 7월 15일이었던 오본お盆을 한 달 늦게 양력 8월 15일로 조정하였지만, 일정 등에서 여전히 양력과 음력이 섞여 있는 행사도 적지 않습니다.

睦　月					陰曆一月
先勝 **1** 酉曆 1月26日(月)	友引 **2** 酉曆 1月27日(火)	先負 **3** 酉曆 1月28日(水)	仏滅 **4** 酉曆 1月29日(木)	大安 **5** 酉曆 1月30日(金)	赤口 **6** 酉曆 1月31日(土)
先勝 **7** 酉曆 2月1日(日)	友引 **8** 酉曆 2月2日(月)	先負 **9** 酉曆 2月3日(火)	仏滅 立春 **10** 酉曆 2月4日(水)	大安 **11** 酉曆 2月5日(木)	赤口 **12** 酉曆 2月6日(金)
先勝 **13** 酉曆 2月7日(土)	友引 **14** 酉曆 2月8日(日)	先負 **15** 酉曆 2月9日(月)	仏滅 **16** 酉曆 2月10日(火)	大安 **17** 酉曆 2月11日(水)	赤口 **18** 酉曆 2月12日(木)
先勝 **19** 酉曆 2月13日(金)	友引 **20** 酉曆 2月14日(土)	先負 **21** 酉曆 2月15日(日)	仏滅 **22** 酉曆 2月16日(月)	大安 **23** 酉曆 2月17日(火)	赤口 雨水 **24** 酉曆 2月18日(水)
先勝 **25** 酉曆 2月19日(木)	友引 **26** 酉曆 2月20日(金)	先負 **27** 酉曆 2月21日(土)	仏滅 **28** 酉曆 2月22日(日)	大安 **29** 酉曆 2月23日(月)	赤口 **30** 酉曆 2月24日(火)

음력 달력

우리들은 추운 겨울을 보내고 봄을 맞이하여 긴장을 풀며, 더운 여름에는 한바탕 비가 내리기를 바라는 등 일상생활에서 사계절의 영향을 많이 받습니다.

일본에서는 국경일인 춘분과 추분, 거기에 하지와 동지 이외에도 입춘, 입추, 대한 등 계절을 나타내는 말을 자주 사용하는데, 이들은 모두 24절기에 따른 것입니다.

24절기는 중국 전국 시대(BC 403년~BC 221년)에 고안되었습니다. 태음력에 의한 계절의 차이를 고쳐서, 춘하추동을 바르게 나타내기 위해 1년을 12개의 「중기中気」와 12개의 「절기節気」로 분류해서 거기에 계절을 나타내는 이름을 붙였습니다. 일본에서는 에도 시대부터 달력이 사용되었습니다.

그러나 24절기는 중국의 기후에 입각해 이름 붙여진 것이기 때문에 일본의 기후와는 맞지 않는 명칭과 시기도 있습니다. 그래서 그것을 보충하기 위해 24절기 이외에 토왕土用, 하치주하치야八十八夜, 뉴바이入梅, 한게쇼半夏生, 니햐쿠토카二百十日 등 「잡절」이라 불리는 계절의 구분을 도입한 것이 일본의 음력입니다.

24절기 二十四節気

봄春

명 칭	양력의 기준	의 미
입춘(정월절)	2월 4일	달력상으로 봄이 시작되는 날. 세쓰분의 다음 날
우수(정월중)	2월 18일~19일	눈과 얼음이 녹고 비가 내리기 시작할 무렵
경칩(이월절)	3월 5일~6일	땅속에 들어갔던 벌레가 땅 위로 나올 무렵. 「경」은 열리다, 「칩」은 벌레가 숨는다는 의미
춘분(이월중)	3월 20일~21일	봄의 피안彼岸의 가운데 날로, 낮과 밤의 길이가 거의 같아지는 날
청명(삼월절)	4월 4일~5일	맑고 밝은 계절이라는 뜻
곡우(삼월중)	4월 20일~21일	봄비가 내려 곡식을 잘 자라게 하는 계절

여름夏

명 칭	양력의 기준	의 미
입하(사월절)	5월 5일~6일	여름이 시작되는 날
소만(사월중)	5월 21일	만물이 충만하여 초목의 줄기와 잎이 무성해지는 계절
망종(오월절)	6월 5일~6일	보리 등 까끄라기가 있는 곡식의 씨를 뿌리는 시기
하지(오월중)	6월 21일~22 일	낮의 길이가 가장 길고 밤이 가장 짧은 날
소서(유월절)	7월 7일~8일	이날부터 본격적인 더위가 시작된다
대서(유월중)	7월 22일~23일	더위가 극도에 달하는 날

가을秋

명 칭	양력의 기준	의 미
입추(칠월절)	8월 7일~8일	가을이 시작되는 날
처서(칠월중)	8월 23일~24일	더위가 가시고 선선한 바람이 부는 시기
백로(팔월절)	9월 7일~8일	들풀에 이슬이 맺히는 시기
추분(팔월중)	9월 23일	가을의 피안의 가운데 날로, 낮과 밤의 길이가 거의 같아지는 날
한로(구월절)	10월 8일~9일	찬 공기로 이슬이 얼기 직전의 시기
상강(구월중)	10월 23일~24일	서리가 내려 겨울이 다가올 무렵

겨울冬

명 칭	양력의 기준	의 미
입동(시월절)	11월 7일~8일	겨울이 시작되는 날
소설(시월중)	11월 22일~23일	첫눈이 내리기 시작하는 계절
대설(십일월절)	12월 7일~8일	눈이 많이 오는 시기
동지(십일월중)	12월 21일~22일	밤의 길이가 가장 길고 낮이 가장 짧아지는 날
소한(십이월절)	1월 5일~6일	찬바람이 심하게 불고 눈이 내리는 무렵
대한(십이월중)	1월 20일~21일	추위가 최고에 이르는 날

간지干支라고 하면, 일본인은 자子 축丑 인寅 묘卯 진辰 사巳 오午 미未 신申 유酉 술戌 해亥의 십이지를 먼저 떠올리는데, 여기에 십간인 갑甲 을乙 병丙 정丁 무戊 기己 경庚 신辛 임壬 계癸를 조합한 것이 간지입니다.

일찍이 일본에서는 십간과 십이지를 이용하여 태어난 해, 시각, 방위 와 같은 여러 가지 일을 표시했습니다.

회갑연은 만 60세에 태어난 해의 간지가 돌아온 것을 축하하는 자리 로 십간과 십이지의 60을 조합한 나이를 말합니다.

그 기원은 고대 중국이며, 간지의 조합으로 년, 월, 일을 표시했습니 다. 십이지는 열둘로 편리하게 나눌 수 있어 시각이나 방위를 나타내는 단위로도 사용하게 된 것입니다.

예를 들면, 자子시는 지금의 밤 11시부터 새벽 1시 사이의 2시간을 나 타낸 것인데, 이와 같이 하루 24시간을 십이지로 나눕니다. 괴담 등에 자주 쓰이는 「초목도 잠자는 우시미쓰도키丑三つ時[02]」는 새벽 2시 반쯤 에 해당합니다. 또 방위에서는 정북 방향을 자子로 하여 십이지를 순서 대로 배치했습니다. 그렇게 하면 동은 묘卯, 남은 오午, 서는 유酉가 됩 니다.

간지의 사고방식이 일본에 전해진 것은 일본에서 처음으로 연호가 설정되기 전인 6,7세기 무렵으로, 한동안 연호와 간지를 병용한 시대가 있었습니다.

간지는 헤이안 시대에 음양오행설과 합쳐져서 주술적인 요소도 포함되었고, 길흉의 점술에도 사용되었습니다. 이러한 흐름에서 「우시토라艮03에 해당하는 방향(북동)은 귀문鬼門이다」라고 말하는 신앙이 생겼습니다. 지금도 각지에 남아 있는 고시엔甲子園이나 고신즈카庚申塚 등의 지명 역시 간지에서 유래하였습니다.

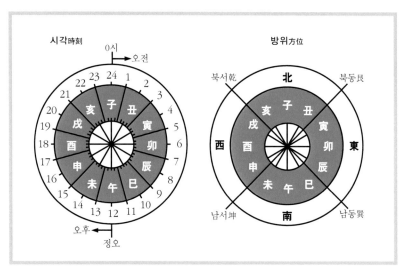

간지와 시각·방위 干支と時刻·方位

수많은 신 八百万の神

일본인들은 기독교나 이슬람교와 같은 절대적 유일신이 아니라 온갖 자연 만물에 두루두루 신이 존재한다고 믿고 있습니다.

세간에서 야오요로즈八百万의 신이라고 말하듯이 태양, 달, 별, 바람, 천둥의 신이 있다면 토지, 밭, 산, 강, 돌과 같은 자연물이나 집의 부엌, 부뚜막, 화장실 등에도 신이 있으며, 심지어 말, 개 등은 물론 소나무, 대나무와 같은 동·식물에도 신이 깃들어 있다고 생각합니다.

「야오요로즈八百万」는 예사롭지 않게 수가 많은 것을 의미하는데, 이 말은 일본에서 가장 오래된 역사서인 『고지키古事記』에서 찾아볼 수 있습니다. 아마테라스 오미카미天照大神04가 동생인 스사노오노 미코토의 지나친 난폭함에 화가 나 하늘의 바위굴에 숨어버렸고, 이에 곤란해진 「팔백만 신이 하늘 야스노카와라安の河原 강가에 모였다05」라는 기술이 『고지키』에 보입니다.

원래 태고적 일본에서는 온갖 자연물에 영혼이 있다고 보아, 그것을 두려워하고 숭배하는 애니미즘이라는 원시신앙이 생겨났습니다. 그리고 히미코卑弥呼로 대표되는 무녀 등이 신의 신탁을 받아 세상사를 결정하는 샤머니즘으로 발전했습니다.

한편, 수렵과 채집생활을 했던 일본인은 쌀의 전래와 함께 농경생활을 하게 되었습니다. 농경생활은 인간의 힘이 미치지 못하는 자연현상에 의해 크게 좌우됩니다. 기후가 좋지 못하거나 자연재해로 인해 흉작

이 들면 그야말로 생존이 위협받는 문제가 생겼고, 그러한 일들을 신의 노여움으로 생각한 것도 무리가 아니었습니다. 이런 온갖 자연현상 속에서 신을 발견하고 숭상하는 경향이 더욱 강해지게 되었습니다.

또한 농경사회에서 정착생활이 시작되자 토지에 대한 신앙도 강해졌습니다. 자신들이 태어난 토지를 지켜주는 신을 「우브스나신産土神」으로 숭상하고, 우브스나신을 모시는 사당도 만들었습니다. 더욱이 종래의 조상신앙도 합쳐져 일본만이 숭배하는 신에 대한 신앙이 뿌리내렸습니다.

지금도 전국에는 8만 혹은 10만이나 되는 신사가 있습니다. 그중에서도 이세 신궁과 이즈모 신사는 특별하다고 할 수 있습니다. 특히 매년 10월이 되면 전국 각지의 신들이 이즈모 신사에 모이기 때문에 10월을 「간나즈키神無月」(각 고장의 신이 없어지는 달)라고 부르며, 반대로 이즈모 지방에서는 「가미아리즈키神有月」(신이 있는 달)라고 부르게 되었습니다.

이세 신궁

이즈모 신사

신과 부처 神と仏

현재 일본에는 신도神道와 불교가 공존하는데, 결혼 등의 경사에는 신도식, 장례식 등의 흉사에는 불교식이라는 형태로 자연스럽게 양자가 분담을 하고 있습니다.

원래의 신도는 예로부터 신에 대한 일본 고유의 신앙에서 유래한 것인 데 반해, 불교는 대륙에서 전래된 종교입니다. 또 신도는 신화에 등장하는 신들처럼 지연·혈연 등으로 맺어진 공동체를 지키는 것을 목적으로 하고 있지만, 불교는 주로 개인의 안심입명安心立命이나 영혼구제, 국가수호를 추구한다는 점에서 근본적으로 다릅니다.

불교는 서기 538년에 전래되었으며 호족들을 중심으로 서서히 전국으로 퍼져나가, 쇼토쿠태자聖德太子 이후 국가를 수호하는 형태로 급속히 전파되었습니다.

그러나 이러한 상황에서도 일본 고유의 신에 대한 신앙은 쇠퇴하지 않고 불교와 공존했습니다. 오히려 나라 시대 이후 신도와 불교는 본래 같은 것이라고 하는 「신불습합神仏習合」과, 신은 부처가 변신해 세상에 현신現身한 것이라고 하는 「본지수적설本地垂迹説」 등 양자의 융합을 도모한 사상이 생겨났습니다.

더욱이 헤이안 시대에는 이제까지 주로 국가수호를 목적으로 했던 불교가 서서히 서민에게도 뿌리를 내려 신과 부처를 모두 존중하는 일본 특유의 신앙이 형성되었습니다.

메이지 정부가 신과 부처를 분리할 것을 명령하여 이와 같은 신불 혼합사상은 금지되었지만, 지금도 신에 대한 신앙과 불교가 융합한 습속은 많이 남아 있습니다.

예를 들면, 피안彼岸[06]이나 오본 등은 불교 행사지만 일본 고유의 조상신에 대한 신앙과 결합하여 생겨난 관습입니다.

불상과 도리이

씨족신과 고장신 氏神と鎮守

주변에 있는 신들의 유래

예나 지금이나 인간은 곤란한 일을 겪거나 궁지에 몰리는 상황이 되면 신의 구원을 갈망합니다. 특히 지연이나 혈연을 중시했던 시대에는 주변 가까이에 있는 그 고장의 신에게 소원을 빌었습니다. 그것이 씨족신이고 고장신이었습니다.

원래 씨족신은 그 지역의 호족인 씨족 일족이 조상으로 모시던 수호신이었으나, 헤이안 시대 이후 일반 서민에게도 침투해 그 지역을 지키는 신이 되어 숭배를 받았습니다.

지금도 행해지고 있는 아이의 첫 신사참배는 본래 씨족신에게 참배하여 그 고장의 일원이 된 것을 인정받는 의식이었습니다.

헤이안 시대 이후 무사사회가 형성되면서 씨족사회가 붕괴되고 씨족신 신앙도 희박해졌습니다. 그 대신 귀족과 신사·절이 영지를 소유하는 장원제도가 확립되었습니다.

새로운 장원 영주들은 장원을 수호할 목적으로 고장의 수호신을 모시게 되었는데, 그것이 곧 고장신입니다. 그리고 이제까지 모셔온 씨족신 역시 고장신으로 모시게 되었습니다.

그 후, 에도 시대에 다시 씨족신 신앙이 성행했습니다. 이러한 변천을 반복하면서 씨족신과 고장신은 지역을 지키는 신으로서 서민 사이에 뿌리를 내렸습니다.

제1장 일본인의 마음과 관련있는 신

하레와 게 ハレとケ

예로부터 일본인은 평소와 같은 일상생활을 「게褻」라고 불렀습니다. 이에 비해 신사의 제례나 절의 법회, 정월이나 명절, 오본 등의 연중행사, 관혼상제를 행하는 날을 「하레晴れ」로 정해서 단조로워지기 쉬운 생활에 변화를 주었습니다.

「하레」에는 일상에서 벗어나 특별한 하루를 보냅니다. 특히 그날에만 어울리는 기모노를 입고, 신성한 음식인 팥밥과 떡을 먹으며 축배를 들어 특별한 하루임을 나타냅니다.

한편 「게」는 평소와 같은 생활을 보내는 날이지만, 「게」의 생활이 순조롭지 않은 것을 「게가레気枯れ[07]」라고 했습니다. 특히 죽음이나 병, 출산 등을 게가레(부정)로 생각했습니다.

일본에서는 신화의 시기부터 게가레를 꺼려하여 신에게 가까이 다가가기에 적합한 몸이 되려고 목욕재계를 하고, 몸의 게가레를 제거하여 깨끗이 하는 액막이를 했습니다.

그리고 이러한 게가레를 없앤 상태가 「하레」였습니다.

지금은 「하레」와 「게」라는 사고방식이 거의 없어졌지만, 하레의 날에 입는다는 의미로 「하

레기晴れ着」와 「하레스가타晴れ姿」「하레부타이晴れ舞台」 등의 말이 남아 있습니다.

🐎 역주

01 잡절雜節 : 음력 24절기 외의 여러 가지 절기.

02 우시미쓰도키丑三つ(うしみつ)時 : 축시를 넷으로 나눈 세 번째 시각. 오전 2시~2시 30분.

03 우시토라艮(축인丑寅) : 축과 인의 중간. 귀문에 해당한다고 하여 꺼림.

04 아마테라스 오미카미天照大神 : 해의 여신.

05 『일본신화 코지키』, 박창기 역, 제이앤씨, 2006, 28쪽.

06 피안彼岸 : 춘분, 추분을 중심으로 한 7일간.

07 게가레ケガレ : 민속학에서는 게가레를 '気枯れ'로 쓴다. 생기 없이 신을 참배하는 것은 예의에 벗어나는 것이라는 데에서 연유한 말로, 마쓰리 등 하레의 날을 통해 생기를 회복한다는 의미에서 이 말을 사용한다. 불교와 신도에서는 부정, 불결을 의미하는 게가레를 '穢れ'로 쓴다.

제2장
정월의 관습

「1년 계획은 1월 1일에 있다」고 하듯이 한 해의 구분으로서 일본인은 설날을 각별하게 생각했습니다. 정월에는 도시가미사마年神様라는 새해의 신이 각 가정에 강림한다고 여겨 그해의 복을 받기 위해 여러 가지 관습이 정착되었습니다.
현재 많은 전통적인 관습이 잊혀지고 있지만, 새해의 첫 신사참배나 떡국을 먹는 등의 정월 행사는 여전히 많은 일본인들이 소중하게 지켜오고 있습니다.

신년해돋이 初日の出

새해 처음으로 떠오르는 태양을 맞이하면서 한 해의 행운을 빌기 위해 많은 사람들이 전망이 좋은 곳을 찾아 초저녁부터 집을 나섭니다.

이것은 일찍이 첫 해돋이와 함께「도시가미사마年神樣」가 온다고 믿었던 데에서 유래합니다. 도시가미사마는 새해의 신으로「쇼가쓰사마正月樣」「도시토쿠진歲德神08」이라고도 하며, 새해 첫날에 일 년의 행복을 가져오기 위해 강림한다고 생각했습니다.

첫 일출을 맞이하는 장소는 조망하기 좋은 산, 해안 등 여러 군데가 있지만, 특히 높은 산정에서 맞이하는 태양은「장엄한 해돋이ご来光」라고 불렀습니다. 이것은 산 정상 근처의 구름에 비치는 자신의 모습이 마치 원광을 등에 진 부처의 형상 같이 보였기 때문에, 부처님의 해돋이라는 뉘앙스가 합쳐져「장엄한 해돋이」라 부르게 되었던 것입니다.

첫 일출을 보는 관습은 예로부터 있었던 것이 아니라 메이지 시대 이후에 성행했다고 합니다. 그 이전의 새해 첫날에는 도시가미사마를 맞이하기 위해 가족끼리 보내며,「시호하이四方拝」라고 하여 동서남북을 향해 절을 했습니다.

메이지 시대가 되자 청일, 러일 전쟁이 연달아 일어났고 그 전쟁에서 승리한 후 신도체제가 강화되었습니다. 이때 전쟁의 승리로 사기를 고취시키는 것과 태양이 떠오르는 모습이 함께 결합되어, 첫 일출을 숭배하는 관습이 급속도로 퍼졌습니다.

하쓰모데 初詣

본래는 씨족신을 참배하는 것이었다

새해에 처음으로 참배하면 「경사스러움」이 배가 된다고 하여 새해가 되면 각지의 신사, 사찰에서 첫 참배를 하는데, 이것을 하쓰모데初詣라고 합니다. 섣달 그믐날에 제야의 종소리를 들으며 집을 나와 새해 첫 참배를 마치고 집으로 돌아가는 것을 「2년참배二年參り」라고 합니다.

또한 옛날에는 한 집의 가장이 한 해의 구분으로서 섣달 그믐날 밤부터 신사에 나가 잠을 자지 않고 신년을 맞이하는 것이 관습이었습니다. 이때 가족들은 주로 자신들이 살고 있는 지역의 씨족신을 모시는 신사에 참배하러 갔습니다.

이세 신궁이나 이즈모 신사 등 유명한 신사에 참배하러 가거나 그해의 간지에 따라 도시가미사마가 계신 방향을 향해 참배하였습니다. 즉 도시가미사마가 계신 방향은 운수가 좋으므로 도시가미사마가 계신 신사나 사찰에 나가 하쓰모데를 하게 되었는데, 이것을 「에호마이리惠方參り」라고 합니다.

지금은 에호마이리의 관습이 없어져 메이지 신궁, 나리타산신쇼지成田山新勝寺, 가와사키 다이시川崎大師, 스미요시 신사住吉大社와 같이 각지의 유명 신사와 사찰에 가서 참배하는 경우가 많아졌습니다.

가도마쓰門松

정월이 되면 많은 집에서 현관이나 문 앞에 「가도마쓰門松」를 세웁니다. 보통 문 앞 좌우로 1대씩 나란히 놓으며, 현관을 향해 좌측의 가도마쓰를 「오마쓰雄松」, 우측의 가도마쓰를 「메마쓰雌松」라고 부릅니다. 원래는 새해를 맞이할 무렵에 도시가미사마의 강림을 나타내는 표지로서 나무를 세운 것이 그 시초라고 합니다. 특히 소나무를 장식하게 된 것은 헤이안 시대부터이며, 그 이전까지는 삼나무 같은 것도 이용했다고 합니다. 소나무를 사용한 것은 예로부터 소나무에는 신이 머문다고 생각했기 때문입니다.

헤이안 시대 말기에는 농촌에서도 소나무를 세웠다고 합니다. 여기에 쭉 뻗은 대나무가 장수를 가져오는 운 좋은 나무로 추가되었습니다.

지금처럼 현관이나 문 앞 좌우에 한 쌍으로 세우게 된 것은 에도 시대 무렵입니다. 가도마쓰를 세워두는 기간은 보통 7일까지인데(이 기간을 일본에서는 「마쓰노우치松の内」라고 한다), 지역에 따라서는 5일, 10일, 15일로 각기 다릅니다.

참고로 가도마쓰는 12월 28일쯤에 세우는 것이 좋은데, 29일에 세우는 것은 「구타테苦立て09」라 하고, 정초가 임박한 31일에 세우는 것은 「이치야카자리一夜飾り10」라고 해서 둘 다 꺼립니다.

시메카자리 しめ飾り

정월이 가까워지면 현관 입구나 집의 가미다나神棚에 「시메카자리しめ飾り」를 장식합니다. 이것도 가도마쓰와 마찬가지로, 정월에 도시가미사마를 맞기 위한 준비입니다.

원래는 시메나와(새끼줄)를 신사의 경계망으로 둘러친 것과 같은 이유에서 하게 되었습니다. 자신의 집이 도시가미사마를 맞이하는 데 걸맞은 신성한 장소임을 표시하기 위해 집 안에 시메나와를 둘러친 것입니다.

예전에는 「도시오토코年男」인 가장이 시메나와를 집 안에 둘러쳤지만, 그 시메나와도 간소화되어 시메카자리나 와카자리輪飾り[11]를 하게 되었습니다.

시메카자리는 시메나와에 풀고사리, 굴거리나무, 등자나무 등을 사용하여 만듭니다. 풀고사리는 푸른 잎이므로 장수를 나타내고, 굴거리나무는 새로운 잎이 나오면 오래된 잎이 떨어지므로 다음 세대에게 가계를 「물려주어 끊기지 않게 한다」는 바람을 담고 있습니다. 등자나무는 집안이 대대손손 번영하기를 바라는, 운을 부르는 재수 있는 물건으로 정월 장식용으로 쓰이게 되었습니다.

도시오토코年男

정월 행사의 주역을 맡았던 「도시오토코年男」와 같은 존재를 지금은 찾아보기 어렵지만, 예전에는 정월에 한해서 일가의 모든 행사를 도시오토코가 도맡아 했습니다.

도시오토코는 무로마치 막부나 에도 막부에서는 옛날 의례를 잘 아는 사람이 맡았지만, 일반 가정에서는 가장이 그 임무를 담당했고, 차츰 장남이나 고용인, 젊은 남성이 맡게 되었습니다.

도시오토코는 연말 대청소를 비롯해 새해맞이를 준비하거나 새해 첫날에 물을 긷고, 도시가미사마에게 공양을 올리고 오세치요리를 만드는 등 모든 정월 행사를 담당했습니다. 따라서 도시오토코에게 정월은 매우 바쁜 기간이었습니다.

지금은 도시오토코라고 하면 그해의 간지에 해당하는 사람을 가리키지만, 본래는 정월 행사를 도맡아 일하는 사람을 말합니다.

와카미즈若水

새해 첫날 이른 아침에 처음으로 길은 물은 「와카미즈若水」라고 하여, 헤이안 시대의 궁중에서는 도시가미사마에게 바치는 등 입춘날의 중요한 행사였으며, 점차 서민들 사이에서도 새해 첫날 행사로 퍼져갔습니다.

신년을 맞이하여 와카미즈를 길어 오는 것을 「와카미즈무카에若水迎え」라고 하며, 될 수 있는 한 멀리 와카미즈를 길러 가면 그만큼 좋은 일이 생긴다고 해서 물을 긷는 도중에 타인을 만나도 말하는 것이 금지되었습니다.

이렇게까지 「물」에 마음을 쏟은 이유는 도시가미사마에게 그 물을 바치거나 떡국을 만드는 데 이용했기 때문입니다. 그리고 이 와카미즈를 마시면 한 해의 나쁜 기운을 씻어낼 수 있다고 믿었기 때문입니다.

가가미모치 鏡餠

정월에 떡을 먹는 관습은 새해 첫날에 딱딱한 엿을 먹는 중국의 관습에서 영향을 받아 궁중에서 「하가타메齒固め[12]」의 양식으로 시작되었습니다.

원래 떡은 하레의 날에 신에게 공양하는 신성한 음식으로, 무로마치 시대 이후 정월에 도시가미사마에게 바칠 목적으로 지금과 같은 가가미모치가 생겨났습니다.

가가미모치鏡餠[13]라고 하는 이유는 거울이 옛날에는 원형이었기 때문에 사람의 혼(심장)을 본떠 만들었다는 데서 비롯하여 둥그런 떡이 되었다고 합니다. 또 큰 것과 작은 것 두 개를 포개 놓는 것은 달(음)과 해(양)를 나타내며, 복과 덕이 겹쳐 좋은 일이 생긴다고 생각했기 때문입니다.

큰 것과 작은 것을 두 개 포개 놓은 가가미모치는 반으로 접은 종이를 깐 삼보(측면 세 방향에 구멍이 나 있는 사각형의 받침대)에 등자나무, 굴거리나무, 다시마 등과 함께 놓습니다. 굴거리나무, 등자나무는 앞에서 말한 시메카자리와 같은 이유에서 놓고, 다시마에는 자손 번영의 기원이 담겨 있습니다.

많은 가정에서는 연말에 가가미모치에 사용할 떡을 칩니다. 12월 31일 섣달 그믐날에 찧은 것을 히토요모치一夜餠, 또 12월 29일에 찧은 것을 구모치苦餠라고 해서 둘 다 꺼려했습니다.

정월에는 1월 11일 가가미비라키鏡開き까지 집 안의 도코노마[14] 등에 큰 가가미모치를 장식하고, 각 방에 작은 가가미모치를 장식합니다.

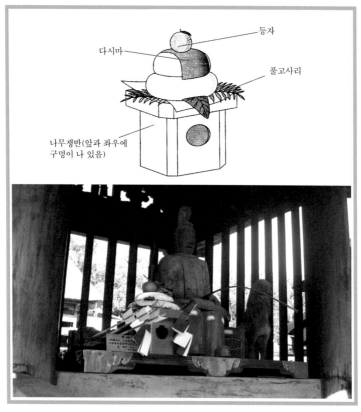

가가미모치鏡餅

오토소 おとそ

새해 첫날에 가족이 모두 모여 새해 인사를 나눈 다음에 잔을 돌려 「오토소おとそ」를 마시는 관습이 있습니다.

오토소는 오미키お神酒와 같이 일본 술로 알려져 있지만, 원래는 중국 당나라 시대부터 마시게 된 약술의 일종으로 「오토소お屠蘇」라고 씁니다. 도소에는 「악귀를 물리치고 죽은 자를 소생시킨다」는 의미가 있으며, 중국에서는 한방약을 섣달 그믐날에 우물 속에 매달아 두었다가 새해 첫날에 들어올려 술에 담가서 만들었습니다. 그리고 「악한 기운을 씻어내고 불로장수할 수 있다」는 약술이라 하여 새해가 되면 어린 사람부터 순서대로 마셨습니다.

일본에는 헤이안 시대에 전해져서 궁중의 새해 첫날 의식으로 도입되었고, 차츰 서민들 사이에서도 새해 아침에 오토소를 마시게 되었습니다.

지금은 옛날처럼 새해에 오토소를 마시는 가정이 많지 않지만, 아직도 연말이 되면 약국 등에서 약술로 팔고 있습니다.

오세치요리 おせち料理

평소 서양 음식을 즐기는 사람이라도 정월 3일간 정도는 「오세치요리」를 먹습니다.

「오세치おせち」는 원래 계절이 바뀌는 명절에 도시가미사마에게 올리기 위한 「오세쓰お節(명절)」요리였습니다. 그러다 섣달 그믐날에 해를 넘기며 먹게 되었고, 한 해에 몇 번 있는 명절 중에서도 설날이 가장 중요한 명절이었기 때문에 설날 음식이 되었습니다.

원래 가도마쓰를 장식한 기간 중에 먹던 것이 점차 정월 3일 동안에 먹는 것으로 바뀌었습니다. 오세치는 도시가미사마에게 바치기 위한 공양 음식임과 동시에 가족의 번영을 기원하며, 먹으면 복이 온다는 가족요리이기도 합니다. 쉽게 변질되지 않는 재료로 만들기 때문에 가족 이외에 새해에 인사하러 오는 손님에게도 내놓을 수 있도록 찬합에 담아 둡니다.

찬합은 내용물에 따라 구분되어 있어, 1단에는 술에 곁들여 먹는 음식(가마보코15, 긴톤16, 다테마키伊達巻き17 등), 2단에는 구이(부리구이, 오징어마쓰카제야키 등), 3단에는 삶은 것(연근, 토란, 고야두부高野豆腐[18] 등), 4단에는 식초로 맛을 낸 것(고하쿠나마스紅白なます[19], 식초로 조미한 연근 등)을 넣는 것이 관례이며, 5단까지 준비하기도 합니다.

떡국雜煮

정월 하면 먼저 「떡국」을 떠올리는 사람이 많습니다. 원래 떡국은 도시가미사마에게 공양한 떡을 가미다나(집 안에 신위를 모셔둔 선반)에서 내려 거기에 야채와 닭고기, 해산물 등을 넣고 푹 삶아 만든 요리로, 「조니모치雜煮餅」라고 불렀습니다.

떡국은 원래 설날에 먹는 것이 아니라 무로마치 시대 무렵에는 의례적인 주안상에 내놓는 것이었습니다. 처음에는 떡국을 먹어 위를 안정시키고 나서 술을 즐기기 위한 전채요리였으나 점차 설날 음식이 되었습니다.

떡국은 지역에 따라 각각 특색이 있습니다. 간사이関西 지방에서는 주로 황백색 된장으로 만들며, 간토関東 지방에서는 간장으로 맑게 만듭니다. 안에 넣는 떡의 형태도 간사이 지방에서는 둥근 떡, 간토 지방에서는 썰어 넣는 떡(노시모치, 가쿠모치라고도 함)을 넣습니다.

참고로 간사이 지방에서 둥근 떡을 쓰는 것은 도시가미사마에게 바치는 가가미모치를 모방하기 위해서라고 합니다.

세뱃돈 お年玉

아이들이 설날을 기다리는 것은 무엇보다도 「세뱃돈」을 받고 싶기 때문입니다. 원래 「오토시타마お年玉(세뱃돈)」는 도시가미사마로부터 받는 선물을 의미했습니다. 도시가미사마에게 공양했던 떡을 아이들에게 나누어 주었던 것이 그 시초라고 합니다. 지역에 따라서는 도시가미사마로 분장한 마을 사람이 새해 첫날에 각 집을 돌며 아이들에게 둥근 떡을 나누어 주는 관습이 아직도 남아 있는데, 이 둥근 떡을 오토시타마라고 불렀습니다.

덧붙여 세뱃돈은 연소자나 자기보다 지위가 낮은 사람에게 주는 반면, 연하장은 신세 진 사람이나 손윗사람, 지역 어른에게 보내는 것이 기본입니다.

세뱃돈 봉투

신춘휘호 書き初め

새해에 처음으로 붓을 들고 한 해의 포부나 목표를 적는 것을 「가키조메(신춘휘호)」라 하고, 보통 초이틀날에 씁니다.

신춘휘호는 「깃쇼吉書」라고도 부르며, 에호惠方(재수 좋은 방향)를 향해 경사스러운 말이나 시가詩歌를 적었던 것이 그 시작입니다.

원래는 궁중에서 행해지던 의식이었으나 에도 시대에는 서당에서, 메이지 시대 이후에는 학교에서 습자교육이 중시되면서 서민들 사이에서도 신춘휘호를 쓰는 것이 널리 퍼지게 되었습니다.

지금도 정월 행사로 학교나 서예교실 등에서 신춘휘호를 쓰는 대회가 열립니다.

새해 첫 꿈初夢

일반적으로 정월 초이튿날 밤에 꾸는 꿈을 「하쓰유메初夢」라 하며, 꿈의 내용에 따라 그해의 운세를 점칩니다.

「왜 설날이 아니고 정월 초이튿날 밤에 꾼 꿈이 새해 첫 꿈일까?」라고 의아해하는 사람도 많을 테지만, 옛날에는 신춘휘호, 공부의 시작, 일의 시작 등 새해 첫 행사를 초이튿날에 시작했기 때문에 한 해의 시작으로 초이튿날에 꾼 꿈을 중시했습니다.

새해 첫 꿈에 그해의 운세가 나타난다고 해서 누구나 가능하면 좋은 꿈을 꾸려고 여러 가지 시도를 했습니다. 새해 첫 꿈에 대한 이러한 신앙은 원래 중국에서 전해졌습니다. 「꿈을 먹는다」라고 말하는 상상의 동물 맥貘[20]의 그림을 베개 밑에 넣고 길몽을 꾸려고 했다는 고사의 영향을 받아, 무로마치 시대에는 일본인들도 복을 부르는 칠복신七福神[21]을 태운 보물선 그림을 베개 밑에 넣고 잤습니다.

에도 시대에는 경사스러운 새해 첫 꿈을 「후지산, 매, 가지」 등의 순으로 쳤습니다. 새해 첫 꿈에 나오는 것들은 모두 스루가駿河(지금 시즈오카현)의 명물입니다. 이것들은 당시 천하를 얻은 미카와노쿠니三河国 출신인 도쿠가와 이에야스를 닮고 싶어 하는 서민들의 바람을 나타낸 것입니다.

참고로 에도 시대의 겐로쿠元禄 시기(1688~1704)에도 새해가 되면 보물선 그림은 날개 돋친 듯 팔렸다고 합니다.

나나쿠사가유七草がゆ

정월 초이렛날 아침에 「나나쿠사가유七草がゆ」를 먹는 습관이 지금까지도 남아 있습니다. 나나쿠사가유를 먹으면 한 해 동안 병에 걸리지 않는다고 하여, 일본에서는 에도 시대부터 널리 행해져 왔습니다.

원래는 중국에서 매년 관리의 승진을 1월 7일에 정하는데, 그날 아침에 약초인 봄철 햇나물을 먹어 입신 출세를 바란 것이 기원이라고 합니다.

이 행사가 일본에 전해져 헤이안 시대에는 궁정 의식으로서 일곱 가지 나물로 죽을 만들어 먹게 되었고, 더욱이 에도 시대에는 「고셋쿠五節供22(일년 중의 다섯 명절인 인일人日·삼짓날·단오·칠석·중양절)」의 하나인 「나나쿠사노셋쿠七草の節供23」로 정해지게 되었습니다.

지금도 이세 신궁에서는 정월 초이렛날이 되면 내궁內宮, 외궁外宮에서 햇나물로 죽을 만들어 공양하는 관습이 남아 있습니다.

나나쿠사가유에 넣는 햇나물은 시대와 지역에 따라 다소 차이는 있지만, 현재는 미나리, 냉이, 떡쑥, 별꽃, 광대나무, 순무(무청), 무의 일곱 가지입니다.

나나쿠사가유가 정착된 배경에는 신앙적인 측면뿐만 아니라 정월에 맛있는 음식을 먹어 지친 위장을 편안하게 하고, 푸른 채소가 부족한 겨울철에 영양분을 보충한다는 실질적인 측면도 있었습니다.

가가미비라키鏡開き
가가미모치는 부엌칼로 자르면 안 된다

 1월 11일에는 정월에 공양한 가가미모치를 물리고 나서 가가미비라키를 합니다. 가가미비라키鏡開き는 신령이 날붙이를 싫어하기 때문에 부엌칼을 사용하지 않고 손이나 나무망치 등으로 가가미모치를 쪼개어 떡국이나 시루코汁粉[24]를 해먹는 행사입니다.

 옛날 무사 집안에서는 가가미모치로 떡국이나 시루코를 만들어 주군과 가신들이 모여서 먹었고, 상가에서도 주인과 종업원들 가족이 모여

함께 먹었습니다. 어느 쪽이나 가족과 주종 사이의 친목을 깊게 하는 데에 그 의미가 있었습니다.

당초 가가미비라키는 1월 20일에 행해졌으나 에도 시대가 되면서 도쿠가와 이에미쓰德川家光의 기일인 20일과 겹치자 상점에서 하던 구라비라키蔵開き[25]와 같은 11일로 바뀌었습니다.

요즘에는 이러한 가가미비라키 행사가 눈에 띄지 않지만, 고도간講道館[26]을 비롯하여 검도와 유도 도장 등에서는 지금도 이날에 겨울 훈련을 하고 나서 가가미모치로 떡국이나 시루코를 만들어 먹는 관습이 남아 있습니다.

정월 대보름小正月

1월 15일은 「정월 대보름」이라 하여, 이날 아침에는 팥죽을 먹는 관습이 있습니다. 오래전에는 『도사일기土佐日記[27]』나 『마쿠라노소시枕草子[28]』 등에서도 팥죽을 먹었다고 적혀 있으며, 팥죽을 먹고 그해의 풍작을 기원했다고 합니다.

본디 팥은 쌀, 콩과 더불어 일본인의 식생활에서 빼놓을 수 없는 곡식입니다. 또한 팥과 같은 붉은색 음식은 몸에서 악한 기운을 제거한다고 해서 경사스러운 날에는 팥밥을 공양하게 되었습니다.

그리고 1월 1일부터 7일까지를 「대정월」「남자의 정월」(특히 도시오토코年男가 큰 활약을 하기 때문에)이라고 부르는 데 비해, 1월 15일은 「소정월」「여자의 정월」이라 불렀습니다.

이 소정월에는 사기초를 비롯해 지방에 따라서는 「나마하게[29]」「가마쿠라[30]」와 같은 행사가 열립니다.

사기초左義長

정월 장식물을 태우는 이유

　정월 대보름인 1월 15일 전후에 행해지는 불 축제가 「사기초左義長[31]」입니다. 사기초는 「돈도마쓰리どんど祭り」라 부르며, 이날에는 정월에 장식했던 가도마쓰나 시메카자리를 신사나 절 안에서 모아 태웁니다.

　정월 장식을 뒤처리하는 행사이며, 태울 때의 연기를 타고 새해에 오셨던 도시가미사마가 하늘로 돌아간다고 믿었습니다.

　이때에 막대기 끝에 떡, 토란, 경단 등을 꽂아 구워먹기도 합니다. 지역에 따라 차이는 있으나 가도마쓰나 시메카자리 등을 태운 불에 구워먹으면 그해에는 전혀 병에 걸리지 않고 건강할 것이라고 믿었습니다.

　사기초라고 부르게 된 것은 헤이안 시대의 궁중의식에서 사기초三毬杖라는 푸른 대나무를 세워서 정월에 장식한 것을 태운 데에서 유래했다는 설과, 새를 쫓는 행사인 사기초鷺鳥에서 유래했다는 설이 있습니다.

야부이리薮入り

에도 시대에 상가商家에 들어가 살던 고용인들은 매년 1월 16일과 7월 16일 이틀만 쉴 수 있었습니다. 이 휴일을 「야부이리薮入り」라 하고, 간사이 지방에서는 로쿠이리六入り라고 했습니다.

지금처럼 매월 정해진 휴일이 없던 시대에, 정월과 오본에 쉬는 두 번의 야부이리는 고용인들이 고대하던 날이었습니다.

야부이리에 고용인들은 주인으로부터 오시기세お仕着せ[32]의 옷과 용돈을 받아 고향에 가거나 연극 등을 구경하며 일 년에 두 번뿐인 휴일을 즐겼습니다. 야부이리는 「고용인을 집에 돌려보내는 것」, 즉 「야도이리宿入り」가 야부이리로 되었다고 하지만 확실한 것은 아닙니다.

08 도시도쿠진歲德神 : 음양도에서 연초에 제사 지내는 신.

09 구타테봄立て : 고생을 기다린다는 말인 구마츠와 발음이 같아서 피한다고 한다.

10 이치야카자리一夜飾り : 신을 맞이하는 데 하루만으로는 준비가 부족하다고 하여 되도록 피한다.

11 와카자리輪飾り : 짚을 고리 모양으로 엮고 그것에 몇 가닥의 짚과, 풀고사리 · 굴거리나무를 매단 정초의 장식물.

12 하가타메齒固め : 건강과 장수를 바라며 정초의 사흘 동안 떡, 멧돼지고기, 무, 말린 밤, 자반은 어 등 단단한 것을 먹는 행사.

13 가가미모치鏡餅 : 간단히 말하면 '거울떡'이라는 뜻으로, 떡 모양이 둥근 거울을 닮은 데서 유래되었다. '거울'은 좋은 규범이나 표준에 비추어 생각한다는 의미가 있는데, 이런 의미의 간가미루鑑みる를 간가미모치かんがみもち라고 부르고 차츰 음이 변하여 지금의 가가미모치가 된 것이다.

14 도코노마床の間 : 그림이나 꽃꽂이를 감상하기 위해 다다미방 벽면에 만들어둔 공간.

15 가마보코かまぼこ : 생선의 흰 살을 갈아 으깬 것에 간을 해서 반죽한 후 직사각형의 작은 판에 반달 모양으로 쌓거나 대발에 감아서 찐 음식.

16 긴톤きんとん : 달게 조린 밤과 콩 등에, 찐 고구마와 두부를 채에 걸러서 고명으로 입힌 요리.

17 다테마키伊達巻き : 계란 노른자에 으깬 생선살을 섞은 후 구워서 대발을 이용하여 김밥 모양으로 만 요리.

18 고야두부高野豆腐 : 두부를 잘게 썰어서 얼렸다가 말린 것.

19 고하쿠나마스紅白なます : 무와 당근, 생채를 초간장에 무친 것.

20 맥貘 : 중국의 전설에 나오는 인간의 악몽을 없앤다는 동물. 형태는 곰, 코는 코끼리, 눈은 무소, 꼬리는 소, 발은 범과 비슷하다고 함.

21 칠복신七福神 : 일본의 전통 신앙에서 복을 가져다 준다는 일곱 신(9장의 칠복신 참조).

22 고셋쿠五節供 : 에도 막부가 정한 행사 날로, 1월 7일의 「나나쿠사노셋쿠七草の節供」(진지쓰人日), 3월 3일의 「모모노셋쿠桃の節供」(죠시上巳), 5월 5일의 「쇼부노셋쿠菖蒲の節供」(단오端午), 7월 7일의 「다나바타마쓰리七夕祭り」(칠석七夕), 9월 9일의 「기쿠노셋쿠菊の節供」(중양重陽)를 말한다.

23 나나쿠사노셋쿠七草の節供 : 다섯 명절 중의 하나로, 정월 7일[人日]에 나나구사카유를 쑤어 먹고 그해의 건강을 축원함.

24 시루코汁粉 : 팥앙금을 물에 녹여서 설탕을 넣어 조린 다음, 떡이나 찹쌀 경단을 넣어서 먹는 단 음식. 단팥죽.

25 구라비라키蔵開き : 새해 들어 처음으로 창고 문을 엶.

26 고도간講道館 : 1882년에 가노 지고로嘉納治五郎가 유도의 지도와 연구를 위해 창설한 도장으로 도쿄에 있음.

27 도사일기土佐日記 : 935년 무렵에 일본에서 처음으로 가나로 쓰인 일기.

28 마쿠라노소시枕草子 : 1001년경에 완성된 고대 일본의 대표적인 수필.

29 나마하게なまはげ : 아키타 지방에서 정월 대보름 밤에 청년 몇 사람이 큰 귀신 탈을 쓰고 도롱이를 입고 나무칼, 찢은 베로 만든 오리나 종이 오리를 가늘고 긴 나무에 끼어 늘어뜨린 것, 상자, 통 등을 들고 집집마다 찾아다니면서 술과 음식을 대접받고 축복하는 말을 해주는 행사.

30 가마쿠라かまくら : 아키타 지방에서 정월 대보름에 아이들이 눈으로 집을 지어 제단을 만들고, 물을 관장하며 화재를 예방하는 스이진水神에게 제사를 지내는 행사. 정월 대보름 아침, 그 제단 앞에서 불을 지펴 새 쫓기 노래를 부른다.

31 사기초左義長 : 정월 보름에 대나무 다발을 묶어 세워 거기에 천황의 문서 등을 매달아서 태우던 액막이 의식.

32 오시기세お仕着せ : 주인이 고용인들에게 계절에 맞추어 옷을 주는 것.

제3장
연중행사의 관습

즐거운 정월 행사가 어느 정도 끝나면 일상생활인 「게」의 날들이 시작됩니다. 그러나 단조로운 하루하루에 때때로 「하레」의 날을 포함시켜, 일본인들은 일상생활에 변화를 주어 평소와 특별한 날을 구분했습니다.

또한 조상을 공양할 목적으로 행하는 오본이나 피안 등을 통해 현재 자신들의 생활터전을 확인하고 감사하는 행사도 소중히 지켜왔습니다.

세쓰분 節分

2월 3일(해에 따라서는 4일)의 세쓰분節分에는 많은 가정에서 콩 뿌리기를 합니다. 또 신사나 절에서도 그해의 띠에 태어난 도시오토코들이 모여든 사람들에게 콩을 뿌리기도 합니다.

원래 세쓰분은 입춘, 입하, 입추, 입동 등 계절이 바뀌는 전날을 의미했으나, 점차 입춘 전날만을 세쓰분이라고 했습니다. 이 세쓰분을 경계로 책력 상으로는 다음날부터 봄이 시작됩니다.

고대 중국에서는 섣달 그믐날에 잡귀나 나쁜 돌림병 등을 쫓기 위해 복숭아나무로 만든 활로 도깨비 탈을 쓴 사람을 쏘아버리는 「쓰이나追儺」라는 행사가 있었습니다.

이것이 나라 시대에 전해져 헤이안 시대에는 궁중에서 섣달 그믐날에 치르는 행사로 성행했습니다.

이 무렵에는 호랑가시나무 가지에 정어리 머리를 꽂아 문 위에 걸어 놓는 세쓰분 특유의 장식도 널리 행해진 듯합니다. 호랑가시나무는 독풀로 가시가 있으며, 또 정어리는 비린 것이었기 때문에 액막이 효과가 있다고 믿었습니다.

콩 뿌리기 행사가 정착된 것은 무로마치 시대 중기 이후로, 에도 시대가 되면서 현재와 같은 콩 뿌리기 행사가 일반 서민 사이에도 퍼졌습니다. 본래 섣달 그믐날의 행사였으나, 음력으로는 봄부터 새해가 시작되기 때문에 입춘 전날의 세쓰분 행사로 바뀌었습니다.

그리고 큰소리로 「복은 집 안으로 들고, 악귀는 밖으로 나가라」고 하면서 콩을 뿌리는 이유는, 계절이 바뀌는 날은 잡귀와 같은 요괴나 악귀가 모여들어 돌림병이나 재앙을 불러온다고 생각했기 때문입니다. 그래서 콩을 뿌려 집 안의 잡귀를 쫓아냈다고 합니다.

볶은 콩은 복福콩이라고 하여, 그 콩을 뿌려 자기 나이 수만큼 (혹은 자기 나이에 하나를 더 더하는 지역도 있다) 먹으면 악한 기운을 쫓아내고 병을 이기는 힘이 생긴다고 생각했습니다.

또 「콩을 던진다」가 아닌 「콩을 뿌린다」라고 말한 것은 농사일을 할 때 밭에 콩을 뿌리는 행위를 나타내는 것으로, 농민들의 풍작을 기원하는 마음이 담겨 있다고 합니다.

하쓰우마初午

2월 첫 오일午の日을 「하쓰우마初午」라고 하여 이날에는 전국에서 각종 축제가 열립니다.

원래는 711년 2월 오일午の日에 교토의 후시미 이나리 신사에 모시는 신이 강림한 것을 제사 지낸 것이 최초라고 하며, 그 후 이 신과 인연이 있는 날이라 하여 전국 각지의 이나리 신사에서 제사를 지냈습니다.

이나리 신사의 「이나리稲荷」는 「이네いね, 나리なり」에서 온 것이라고 합니다. 원래는 오곡 풍년의 신을 모시는 신사였지만 널리 신앙화되어 도시에서는 장사, 어촌에서는 풍어의 수호신으로서 지금도 많은 사람들에게 신앙의 대상이 되고 있습니다.

이나리신사

바늘공양 針供養

2월 8일에는 평소 여성들이 사용하는 바늘을 공양하는 행사가 있습니다. 이것은 에도 시대부터 시작된 여성들을 위한 행사로, 이날은 바느질을 쉬고, 부러졌거나 구부러진 바늘을 곤약, 두부, 떡 등에 꽂아서 강으로 흘려보내거나 근처의 신사나 절에 바늘을 가지고 모였습니다. 그리고 일상생활에서 긴요하게 사용되는 바늘에 감사하며 능숙한 바느질과 안전을 빌었습니다.

이와 같은 바늘공양은 지역에 따라서 2월 8일과 12월 8일 연 2회 이루어졌는데, 이 두 날은 시무와 종무라는 액일에 해당했기 때문에 바느질을 쉬고 바늘을 공양하게 되었습니다.

최근 이 행사는 좀처럼 볼 수 없지만 전통 복장의 재봉을 가르치는 학교에서는 아직도 바늘공양을 하고 있습니다.

히나마쓰리 ひな祭り

3월 3일에 열리는 히나마쓰리ひな祭り는 여자아이들의 명절입니다. 이날에는 히나인형을 장식하며 시로자케白酒[33], 마름 떡, 대합국 등으로 축하합니다.

옛날 중국에서는 3월 첫 사일巳の日에 강에 들어가 부정을 씻어내는 상사절上巳節이라는 행사가 있었습니다. 이것이 일본에 전해져 무로마치 시대 귀족집 딸들이 인형놀이로 즐기는 「히나이마쓰리」와 합쳐져 히나마쓰리의 원형이 되었습니다.

지금도 일부 지역에 남아 있는 「나가시비나流しびな[34]」의 풍습은 이 유래에 따라, 아이들의 부정을 히나인형에 옮겨 강이나 바다로 흘려보냈다고 합니다.

아즈치·모모야마 시대가 되면서 귀족사회에서 무사사회로 히나마쓰리가 전해져, 에도 시대에는 새로이 서민 사이에도 퍼졌습니다. 이 무렵에는 히나단에 히나인형을 놓고, 복숭아[35]꽃을 함께 장식하는 현재의 히나마쓰리에 가까운 형태가 되었습니다.

참고로 복숭아나무는 중국에서 악마를 쫓아내는 신성한 나무라고 여겼기 때문에 히나마쓰리에서 장식하게 되었다고 합니다.

이로써 일 년의 한 고비로서 중요하게 생각되었던 고셋쿠의 하나인 모모노셋쿠가 생겨났습니다.

그런데 세간에서 히나인형을 너무 오래 장식하면 여자아이의 혼기가 늦어진다고 해서 히나마쓰리가 끝난 다음날 이후 가능한 한 빨리 정리해야 한다고 합니다.

피안 お彼岸

　3월의 춘분날을 포함하여 전후 약 3일 정도의 일주일을 「봄의 피안 お彼岸」이라고 합니다. 춘분날은 밤낮의 길이가 같아서 태양이 정 서쪽으로 기우는데, 불교에서 극락정토가 서쪽 저편에 있다 하여 이날 불교 의식을 하게 되었습니다.

　「피안」은 불교 용어로 저세상을 뜻하고 모든 번뇌를 버리고 떠나 깨달음의 경지에 도달한다는 것을 말합니다. 참고로 생사의 고통에서 헤매는 현세가 「차안 此岸」입니다.

　이러한 불교 사상에 일본 고유의 조상을 모시는 신앙이 합쳐져 피안 행사가 생겨났습니다. 이 기간 동안 절에서는 피안회라는 법회가 열려 독경, 설법 등을 합니다. 또 절에 묘지를 가지고 있고, 그 절의 재정을 돕는 사람들은 절에서 설법을 듣거나 조상의 묘에 성묘하고, 경단이나 찹쌀과 멥쌀을 섞어 모란 모양의 떡을 만들어 부처님 앞에 공양합니다.

　이와 마찬가지로 「가을의 피안」은 9월의 추분날 전후 약 3일씩을 말하며, 이날 역시 봄의 피안과 동일하게 조상께 공양하고 고인을 추모했습니다.

하나마쓰리 花祭り

매년 4월 8일에 행해지는 행사로 「하나마쓰리花祭り」가 있습니다. 이것은 석가세존, 다시 말해 석가모니의 탄생일인 4월 8일을 축하하는 행사로, 원래는 「관불회灌仏会」 「불생회仏生会」라고도 했습니다.

이날 대부분의 절에서는 경내에 여러 가지 꽃으로 장식한 화어당花御堂이라는 작은 건물을 만들어 수반 위에 석가 입상을 안치합니다. 그리고 참배자들이 대나무 국자로 뜬 달콤한 차를 이 불상의 머리 위에 붓고 두 손 모아 비는 것이 관례입니다.

달콤한 차를 붓는 것은 석가모니가 태어났을 때 하늘에서 머리가 아홉 개 달린 용이 청청한 물을 토해내서 갓난아이를 목욕시키는 물로 사용했다는 전설에 의한 것입니다.

하나마쓰리는 인도에서 시작되었고 일본에는 나라 시대에 전해졌습니다. 당시에는 불상에 다섯 가지의 향수를 뿌렸지만 에도 시대가 되면서 달콤한 차를 끼얹는 것으로 바뀌었습니다.

참배자들은 달콤한 차를 받아 집에 돌아가서, 이 달콤한 차로 먹을 갈아 「부처님 오신 사월 초파일은 좋은 날이요, 신을 피해 이곳에 들어오는 벌레는 필히 멸하리라」라는 말을 종이에 적어 모기장 끝에 매달아 두거나 집 입구에 거꾸로 붙여두면 벌레가 들어오지 못한다고 합니다.

하나마쓰리라고 하면, 나가노현, 시즈오카현, 아이치현 등에서 행해지는 「시모쓰키카구라霜月神楽」를 가리키는 경우도 있습니다. 이들 하나마쓰리는 「하나가구라花神楽」라고도 하는데, 신 앞에서 연주하는 무악舞楽의 일종입니다. 시모쓰키霜月라고 불리듯이 예전에는 음력 11월에 행해졌으나 지금은 1월 초순에 행해집니다.

하치주하치야 八十八夜

잘 알려진 차쓰미우타茶摘み歌[36]에 「여름도 다가오는 하치주하치야…」라는 노래가 있습니다. 하치주하치야八十八夜란 입춘부터 세어서 팔십팔 일째에 해당하는 날로, 지금으로 말하면 5월 2일경이 됩니다. 실제로 노래에서 불리듯 이날에 딴 찻잎은 고급으로 취급받습니다.

하치주하치야는 더욱이 「여름도 다가온다」라고 하여 농촌에서는 못자리를 만들거나 밭작물을 파종하는 중요한 시기입니다.

특히 이 시기는 「하치주하치야의 마지막 서리」라고 일컬어지듯이 서리에 의한 농작물 피해에서 해방이 될 때이며, 「팔십팔八十八」은 한자「米」와 닮아서 글자 끝이 넓은 「八」이 겹쳐지는 재수 좋은 점도 더해져 옛날부터 농사의 기준으로서 빠뜨릴 수 없는 날이었습니다. 이날에는 논을 수호하는 신에게 제물을 바쳐 풍작을 기원하기도 했습니다.

농사뿐만 아니라 세토나이카이瀬戸内海에서는 이날을 「우오지마도키魚島時」라고 불러 풍어기로 들어가는 기준으로 삼았습니다.

5월 5일은 「단오절」로, 남자아이가 있는 집에서는 고이노보리鯉のぼり[37]를 달고, 5월 인형을 장식하거나 창포를 넣은 탕에 들어가고는 합니다.

단오절은 중국에서 시작된 것으로, 이날에는 창포나 쑥을 문에 달거나 창포로 술을 빚어 마심으로써 사악한 기운을 물리쳤습니다. 이것이 일본에 전해져 「단오절」이 된 것입니다.

단오端午의 단端은 처음을 의미하는데, 원래는 월초의 오일午の日을 가리켰습니다. 오午가 오五와 음이 같다는 것과 오五가 겹쳐지는 것 때문에 특히 5월 5일을 중오重五 또는 중오重午라고 불러 이날에 축제를 하게 되었습니다.

원래 일본에서 단오절은 여자아이의 축제였습니다. 모내기가 시작되기 전에 사오토메早乙女(모내기하는 처녀)라고 불리는 젊은 아가씨들이 「5월 금기」라고 하여 논의 신을 맞이하기 위해 임시로 지은 오두막집과 신사 등에 묵으면서 부정을 씻어내어 몸을 정결히 했습니다. 다시 말해 이날은 논을 지키는 신에 대한 여성의 액막이 날이었습니다.

남자아이의 축제로 변한 것은 헤이안 시대부터이며, 궁중에서는 말 위에서 활을 쏘거나 말달리기 등의 용맹스러움을 겨루는 행사를 실시하게 되었습니다. 그러던 중, 단오절에 사용된 창포가 무예와 싸움에 관한 일을 존중하는 「상무尚武」나 「승부勝負」와도 통하기 때문에[38] 남자아이가 창포를 몸이나 머리에 달거나 창포로 만든 투구를 갖고 놀게 되어, 여자아이의 축제였던 5월 금기가 남자아이를 축복하는 행사로 바뀌었습니다.

더욱이 5월 금기가 에도 시대에 고셋쿠 중 하나인 「단오절」로 정해지자 무사인형을 집 안에 장식하기 시작했으며, 또 중국의 「용문폭포를 올라 잉어가 용이 되었다」라는 고사의 영향으로 자식의 출세를 빌기 위해서 고이노보리를 세우게 되었습니다. 이런 연유로 5월 5일은 남자아이의 명절이 된 것입니다.

한편, 단오절에는 치마키[39]나 가시와모치[40]를 먹는 관습이 있습니다. 단오날에 치마키를 먹는 것은 다음과 같은 중국의 전설에서 유래합니다.

고대 중국 초나라 시인 굴원屈原이 5월 5일에 강에 몸을 던져 죽은 것을 사람들이 슬퍼하여 기일이 되면 대나무통에 쌀을 넣어 던졌습니다. 몇 년 후 굴원의 혼령이 나타나 '쌀을 용에게 빼앗기니 대나무통이 아닌 용이 싫어하는 띠잎(치마키를 말은 잎. 지금은 조릿대 잎으로 대용하는 일이 많다)으로 쌓아 실로 묶어 달라'라고 한 이야기가 전해져 이날에 치마키를 먹게 되었습니다.

또 가시와모치의 경우 떡갈나무(가시와)가 새 잎이 나지 않으면 오래된 잎이 떨어지지 않기 때문에, 가시와모치를 먹는 관습에는 대가 끊기지 않기를 바라는 소원이 담겨 있습니다.

고로모가에衣替え

6월 1일이 되면 학교나 직장의 제복이 동복에서 하복으로 일제히 바뀝니다. 예전에 전통의상을 평상복으로 입었던 시기에는 이날 옷 안에 달았던 「겹것」을 떼어내 「겹옷」에서 안감이 없는 「홑옷」으로 바꾸어 입었는데, 이것은 이러한 풍습에서 비롯되었습니다.

「고로모가에衣替え」는 경의更衣라고도 하며, 헤이안 시대의 궁중에서 4월과 10월 초하루에 시행되었습니다. 특히 4월 초하루의 경의를 「와타누키綿貫」라고 하였습니다. 이것은 솜이 들어가 있는 옷에서 솜을 빼낸 옷으로 갈아입는 데에서 연유합니다.

고로모가에는 민간에서도 곧 실시되었습니다. 그러나 4월에 홑옷으로 바꿔 입는 것은 기후적으로 맞지 않았기 때문에, 에도막부는 4월 1일부터 5월 4일까지와, 9월 1일부터 8일까지는 겹옷을, 5월 5일부터 8월 말까지는 안감이 없는 「가타비라帷子⁴¹」를, 9월 9일부터 3월 말까지는 방한용의 「솜옷」을 입는 식으로 1년에 4번의 고로모가에를 결정했습니다. 그리고 그에 준하여 민간에서도 고로모가에를 하게 되었습니다.

그리고 메이지 시대가 되어 전통의상 대신에 양복을 입게 된 것을 계기로 정부는 6월 1일을 하복, 10월 1일을 동복을 입는 날로 정했습니다. 이것은 지금까지 이어져오고 있으나, 해마다 기후가 다르기도 해서 지금은 학교 등을 제외하고는 고로모가에의 시기를 정해놓고 있지 않습니다.

다나바타 七夕

7월 7일의 다나바타(칠월칠석)[42]는 일본에서 예로부터 전해오는 직녀이야기와 중국에서 전해진 견우성과 직녀성의 전설에서 비롯됩니다.

일본의 직녀이야기는 마을의 재앙을 없애기 위해 베 짜는 처녀를 강가의 베틀 집에 머물게 하는데, 그녀가 하늘에서 내려오는 신과 하룻밤을 보내어 신의 아내가 되었다는 이야기입니다.

한편, 중국의 견우성과 직녀성 전설은 부부였던 견우와 직녀가 옥황상제의 노여움을 사 은하수를 사이에 두고 이별하게 되어 1년에 7월 7일 밤에만 은하수에 만들어지는 다리에서 만나는 것을 허락받았다는 전설로 유명합니다.

이 전설은 나라 시대에 전해졌으며, 일본에 예로부터 전해 내려오던 직녀이야기와 합쳐져 현재의 다나바타가 되었습니다.

다나바타가 다가오면 각각의 소원을 단자쿠短冊라는 길고 가느다란 종이에 써서 조릿대에 매다는 다나바타 장식을 합니다. 이 행사는 에도시대에 글씨를 잘 쓰고 싶어 하는 서생들로 인해 서당 등에서 유행했으며, 그 후 학교 등에서도 학문이나 기예가 향상되기를 기원하는 행사로 보급되었습니다.

다나바타 다음 날에는 축제에 사용한 조릿대나 장식을 강이나 바다에 흘려보내 부정을 쫓는 다나바타오쿠리七夕送り나 다나바타나가시七夕流し라는 행사를 했습니다. 또는 나가시비나流しびな와 같이 인형을 띄위 보내는 지역도 있습니다.

土王之節 土用の丑の日

토왕은 잡절에 근거한 절기로 입춘, 입하, 입추, 입동이 시작되기 전 각 18일간을 말하며, 보통 입추가 시작되기 전의 18일간의 토왕을 가리킵니다.

1년 중에서도 유난히 더운 시기이기 때문에 에도 시대에는 이 기간의 축일丑の日(7월 28일 전후)을 특히 「토왕의 축일」이라 하여 중시하였습니다. 이날에 약초를 넣은 욕조에 들어가 목욕을 하거나 뜸을 뜨면 더위를 잘 넘길 수 있으며, 질병을 회복하는 효과가 있다고 알려져 있습니다.

또한 축일은 일본어로 '우시노히'라고 하여, 이와 연관된 우(ウ) 자가 붙은 음식, 즉 참외(ウリ), 장어(ウナギ), 매실장아찌(ウメボシ) 등을 먹으면 몸에 좋다고 믿었습니다.

특히 지금처럼 토왕의 축일에 장어를 먹는 관습은 에도 시대의 난학자蘭学者였던 히라가 겐나이平賀源内가 장어요릿집을 선전할 요량으로 퍼트렸다고 합니다.

오본 お盆

7월 15일을 중심으로 조상의 영혼에 공양하는 시기를 오본 お盆이라 합니다. 현재 음력 7월 15일에 행하는 지역과 양력 8월 15일에 행하는 지역이 있습니다.

이 오본은 정령회精靈会, 우란분회盂蘭盆会라고도 합니다. 정령이란 조상의 영혼을 말하며, 우란분이란 「거꾸로 매달리는 고통을 구한다」라는 의미로 산스크리트어입니다.

우란분회는, 석가의 제자인 목련이 '죽은 제 어머니가 지옥에 떨어져 거꾸로 매달리는 벌을 받고 고통스러워하고 있는데 어찌하면 구원받을 수 있습니까?'라고 석가에게 가르침을 청하자, '7월 15일에 공양하라' 는 이야기를 들었다는 데에서 유래되었습니다. 그래서 목련은 이날에 어머니를 위한 공양을 극진히 하였더니 어머니는 구원을 받아 극락정토에 갈 수 있게 되어 후에 우란분회 행사가 생겨났다고 합니다.

이러한 우란분회 행사가 일본에 전해져 고유의 조상신앙과 융합해 일본 특유의 오본 풍습이 만들어졌습니다.

오본이 시작되는 13일 저녁 무렵이 되면 정령맞이라고 하여 조상의 영혼이 길을 잃지 않고 잘 찾아올 수 있도록 집이나 절의 문 앞에서 조상을 맞이하는 불을 피웁니다. 그리고 불단 앞이나 야외 등에 본다나盆棚('조상의 정령을 모시는 단'이라는 의미로 쇼료다나精靈棚라고도 부른다)라고 부르는 임시로 설치한 선반을 두어 불단에서 위패를 꺼내 그 위에 안치합니다.

　본다나에는 과일, 야채 등의 계절음식이나 오본에 빠지지 않는 모란 떡 등을 올리며, 밥과 물도 아침, 점심, 저녁 세 번 공양합니다. 더욱이 여기에 오이로 만든 말이나 가지로 만든 소 인형을 장식하기도 하는데, 이것은 조상의 영혼이 말을 타고 '이승'을 다녀간다고 믿었기 때문입니다.

　이 기간에는 스님을 모셔와 독경을 하는 등 성대한 공양을 올립니다. 특히 죽은 후 처음으로 오본을 맞이하는 조상이 있는 집은 니이본新盆이라 하여 특별한 제등을 달거나 고인과 친했던 사람들을 초대하여 극진히 공양하는 것이 관례입니다.

　16일에는 집이나 절 입구에 영혼을 떠나보내는 불을 피워 조상의 영혼이 돌아가는 길을 밝힙니다. 이때 본다나에 올린 야채나 과일 등을 강이나 바다에 띄워 보내는 「정령 띄워 보내기精霊流し」를 합니다. 또 정령 띄워 보내기의 일종인 「제등 흘려보내기灯籠流し」를 하는 지역도 있습니다. 이것은 제등에 촛불을 켜고 강이나 바다로 띄워 보내면 정령이 그 제등을 타고 강을 지나 바다로 나가 '저승'으로 돌아간다고 믿었기 때문입니다.

본오도리 盆踊り

오본이 되면 전국 각지에서 본오도리盆踊り가 행해집니다. 원래는 일 년에 한 번, 오본날에 영혼이 이승으로 돌아온 것을 공양하기 위해서 추 는 춤을 의미합니다.

본오도리의 원형은 가마쿠라 시대 일본 정토종의 한 갈래인 시종時宗 을 창시한 잇펜쇼닌一遍上人이 퍼트린 염불춤과 조상 공양이 결부된 것 입니다. 이후에 피리나 북으로 떠들썩하게 반주하게 되었으며, 복장을 갖추어 춤을 추는 식으로 많이 바뀌어 갔습니다. 더욱이 에도 시대가 되 면서 노래나 샤미센三味線[43]의 연주 등도 더해져 한층 오락성이 풍부한 행사로 발전했습니다.

본오도리에는 행렬춤이라 하여 열을 지어 걸으면서 추는 「염불춤念仏踊り」과 「큰 염불춤大念踊り」 등이 있는데, 그중 대표적인 것이 도쿠시마德島 지방에서 벌이는 유명한 「아와오도리阿波踊り」입니다.

또 성루를 중심으로 하여 그 주위를 빙 돌면서 추는 「와오도리輪踊り」도 일반적으로 추는 춤으로, 이것은 고대 일본에서 신이 내려온 곳을 중심으로 원을 만들어 춤을 추었던 데에서 연유합니다.

지금은 음력 오본과 양력 오본을 불문하고 여름 내내 어디선가 본오도리의 북소리나 노랫소리가 들려오기도 합니다.

달맞이 お月見

음력 8월 15일, 현재 9월 18일 전후는 마침 보름달이 떠오르는 날에 해당하는데, 이날은 「십오야十五夜(음력 보름날 밤)」라고 하여 경단 등의 공양물을 놓고 달맞이를 하였습니다.

음력으로는 7월부터 9월까지를 가을이라 하고, 8월을 「중추中秋」라고 불렀기 때문에 「중추의 명월名月」이라고도 합니다.

중추의 명월을 보고 즐기는 관습은 이미 중국 당나라 시대부터 있었으며, 야채나 과일 등을 공양하고 달을 향해 절을 하고 기원하며 즐겼다는 기록이 남아 있습니다. 이것이 헤이안 시대 무렵 일본에 전해졌는데, 당초에는 귀족들 사이에서 십오야를 보고 즐겼으나 곧 일반 서민에게까지 퍼져 전국적인 행사가 되었습니다.

농촌에서는 이 행사를 하며 풍작을 기원했습니다. 그리고 밭에서 나는 가을 수확물 중 특히 토란을 바쳤기 때문에 「토란명월」이라고도 합니다. 한편, 음력 9월 13일(현재 10월 중순)의 달맞이는 「십삼야十三夜」라고 하는데, 이 시기는 가을의 수확을 축복한다는 의미도 있기 때문에 콩이나 밤 등을 공양물로 올렸습니다. 그래서 「콩명월豆名月」 「밤명월栗名月」이라고도 합니다.

현재 십삼야의 풍습은 쉽게 볼 수 없지만 예전에는 「십오야」와 마찬가지로 「십삼야」의 달맞이도 중요한 행사였습니다.

중양절 重陽の節句

9월 9일은 9라는 양수가 겹치기 때문에 「중양절」이라고 하며, 중국에서는 이날을 경사스러운 날로 생각했습니다.

중양절은 중국 육조 시대의 환경桓景이라고 하는 인물에 얽힌 고사와 관련이 있습니다. '이날 높은 곳에 올라 국화주를 마시면 재앙을 피할 수 있다'라고 하여 9월 9일이 되면 사람들은 술과 안주, 과자 등을 가지고 높은 산에 올라 단풍을 보면서 하루를 즐기며 사악한 기운을 없앴다고 합니다.

예로부터 중국인들은 국화는 불로장수와 관련이 있다고 믿어 9월 9일에는 특히 국화꽃을 띄운 국화주를 마시는 관습이 있었습니다.

이 관습이 아스카 시대 일본에 전해져 궁중 행사로서 국화 연회가 열리게 되었고, 헤이안 시대에는 중양절로서 정식 의식으로 열리게 되었습니다. 『무라사키 시키부 일기』에는 8일 밤에 솜을 국화꽃에 씌워 다음 날, 아침 이슬에 젖은 국화 향기가 나는 솜으로 피부를 닦으면 장수를 유지할 수 있다고 하는 「국화솜菊綿」의 관습이 묘사되어 있습니다.

에도 시대가 되면서 중양절은 다섯 절기五節供의 하나인 「국화의 절기」로서 민간에도 널리 퍼졌습니다.

메이지 시대 이후 이 풍습은 조금씩 사라지고 있지만 지금도 이날에는 국화와 관련해 각지에서 국화 품평회가 열리고 있습니다.

에비스코 恵比寿講

주로 상가商家에서 장사의 번창을 축복하여 에비스 신[44]을 제사 지내는 행사가 「에비스코恵比寿講」입니다. 매년 1월과 10월의 20일에 지내며, 「에비스코恵美寿講」, 「에비스코夷講」, 「20일에비스二十日恵比寿」라고도 씁니다.

지역에 따라서는 1월 10일이나 12월 8일에 지내는 곳도 있습니다. 10월 20일은 「상인에비스」, 12월 8일은 「농민에비스」라고 부르기도 합니다.

칠복신의 하나인 에비스 신은 상업의 번창을 가져올 뿐만 아니라 어촌에서는 풍어를 가져오는 신으로도 추앙되었습니다. 또한 농촌에서는

아궁이와 논의 신으로서 예로부터 독실하게 받들어졌습니다.

간사이 지방에서는 정월 10일을 '10일 에비스'라고 하여 오사카 상인이 동료를 초대하여 축하연을 열거나, 에비스 신과 인연이 깊다고 일컬어지는 니시노미야 신사西宮神社(효고현에 위치한 신사)나 이마미야에비스 신사今宮夷神社에 새해 첫 참배를 하는 관습이 있습니다.

이날은 조릿대가 일 년 내내 시들지 않기 때문에 번성을 가져오는 길조의 상징물로서 조릿대 장식이 날개돋힌 듯 팔린다고 합니다.

한편, 간토 지방에서는 논의 신으로서 추앙되는 에비스 신에게 모내기 후 모종을 바치거나 벼 베기를 한 후 벼를 바치기도 했습니다.

도리노이치酉の市

매년 11월 유일酉の日에 오토리 신사鷲神社·大鳥神社에서 열리는 제례를 「오토리사마」라고 하였으며, 이날에는 신사 경내에 풍물 시장이 서는데 이를 「도리노이치酉の市」라고 불렀습니다.

오토리 신사의 신은 원래 무운장구武運長久(무운이 오래가기를)의 신으로서 무사들이 섬기고 있었습니다. 에도 시대가 되면서 제례가 열리는 풍물 시장에서 농기구를 진열해 두면, '복을 긁어모은다' '금은을 긁어모은다'고 하여 복을 부르는 물건으로서 특히 갈퀴가 인기품목이 되었습니다.

더욱이 칠복신, 오타후쿠맨お多福面[45], 보물선 등의 복을 부르는 물건

이나 황금떡이라는 좁쌀떡, 데친 야쓰가시라(토란의 일종으로 '여덟 명의 머리가 될 수 있다'는 운 좋은 물건) 등도 도리노이치에서 팔리게 되어 무운장구의 신보다는 장사를 번창하게 하거나 운을 터주는 신으로 널리 받들어졌습니다.

도리노이치에서는 이러한 복을 부르는 물건은 '싸게 살수록 재수가 좋다'고 하여 파는 사람과 사는 사람 사이에서 가격 흥정이 활발히 이루어졌습니다. 그리고 거래가 성립되면 박수를 세 번 치는 것도 도리노이치에서만 볼 수 있는 풍경입니다.

달력에서 11월에 유일酉の日이 두 번 오는 해와 세 번 오는 해가 있는데 '유일이 세 번 있는 해는 화재가 잦다'고 합니다.

이것은 한 달에 세 번씩이나 제례가 열리므로 일상생활이 느슨해지지 않도록 긴장하려는 의미에서 나온 말이라고 생각됩니다.

도시노이치 年の市

연말 13일부터 23일 무렵까지 각지에서 정월과 관련된 장식이나 하고이타羽子板, 복을 부르는 물건 등을 파는 「도시노이치年の市」가 섭니다. 도시노이치는 에도 시대부터 번성했으며, 참배자가 모이는 신사와 절의 경내, 입구 등에서 열렸습니다. 특히 유명한 곳은 오미아의 히가와 신사氷川神社와 에도의 센소지浅草寺, 간다묘신神田明神 등입니다.

대도시뿐만 아니라 지방도시에서도 연말이 되면 각지에서 도시노이치가 열리며, 주변의 농어촌 등에서는 정월을 준비하기 위해 많은 사람들이 모입니다. 그중에는 자신들이 만든 장식품, 빗자루, 복을 부르는

물건 등을 파는 사람도 있었는데, 이것들은 농어업의 수입을 보충했으며 정월 준비를 위한 귀중한 수입원이 되었습니다.

도호쿠 지방의 도시노이치는 연말을 목전에 두고서야 서기 때문에 「쓰메이치詰市」라고 합니다. 풍물시장에 따라서는 팔고 남은 것을 헐값으로 팔기 때문에 「스테이치捨市」라고도 부릅니다.

또한 도시노이치로서도 유명한 「세타가야보로이치世田谷ボロ市」는 전국 시대의 「라쿠이치樂市」(누구라도 자유롭게 가게를 낼 수 있는 시장)로부터 이어온 유서 깊은 시장입니다.

제야의 종 除夜の鐘

한 해 마지막 날인 섣달 그믐날은 가는 해와 오는 해의 경계가 되는 날입니다. 그날 밤을 「오쓰고모리大晦」「제야除夜」「송구영신」 등이라고 하여 새해의 신神인 도시가미사마가 오시는 것을 자지 않고 기다리는 날이 되었습니다.

예전에는 일몰을 하루의 경계로 했기 때문에 섣달 그믐날이 저물면 신년이 되었습니다. 요컨대 제야의 종을 울리는 것은 신년 행사의 일부였던 것입니다.

섣달 그믐날 밤 신사에서는 경내에 불을 피워 밤을 새우고 신관이 죄와 부정을 씻어내는 큰 액막이 행사인 오하라에大祓ぇ를 했습니다. 사찰에서는 오전 0시를 목전에 두고 제야의 종을 치기 시작하여 한 해를 넘겨 108번의 종소리를 울립니다.

제야의 종을 108번 치는 것은 중국 송나라 시대부터 시작된 것으로, 12개월과 24절기와 72후侯(5일을 1후로 한 옛날 달력)를 합친 수가 108이 되기 때문이라고 합니다.

또는 인간이 과거, 현재, 미래에 걸쳐 갖고 있는 108가지의 번뇌를 쫓아내고 죄업의 소멸을 기원하기 위해서라고 합니다.

도시코시소바年越しそば

설달 그믐날 밤에 많은 집에서는 제야의 종소리를 들으면서 「도시코시소바年越しそば(일명 '해 넘기기 국수')」를 먹습니다. 이러한 풍습은 에도 시대의 도시 상인들 사이에서 시작되었다고 하는데, 소바(메밀국수)와 같이 가늘고 길게 장수하길 바란다는 의미가 담겨 있다고 합니다.

또 금이나 은을 세공하는 직공들은 메밀을 이겨 만든 경단으로 작업장에 흩날린 금가루를 모았습니다. 그 경단을 구워서 금가루를 빼내었

기 때문에 '메밀은 금을 모은다'라는 행운의 의미가 있었습니다. 실제로 원래 당초에는 섣달 그믐날에 메밀 경단을 먹었는데 얼마 지나지 않아 지금처럼 소바를 먹게 되었습니다.

그리고 도시코시소바의 양념으로 파를 잘게 썰어 넣는 것은, 파(파는 일본말로 「네기」)의 어원이 기원한다는 뜻이 있는 「네구ねぐ」에서 왔기 때문에 「기원한다」는 의미에서 파를 넣어 장수와 부자 되기를 기원했다고도 합니다.

역주

33 시로자케白酒 : 히나마쓰리 등에 사용하는 단 술.

34 나가시비나流しびな : 3월 삼짇날 저녁 때 강이나 바다에 흘려보내는 종이인형. 또는 그 행사.

35 복숭아 : 복숭아는 일본말로 '모모'라고 하며, 히나마쓰리의 다른 이름인 '모모노셋쿠'는 우리말로 '복숭아의 명절'이란 뜻이 된다.

36 차쓰미우타茶摘み歌 : 찻잎을 따면서 부르는 노래.

37 고이노보리鯉のぼり : 단오절에 천이나 종이로 만든 잉어 장식을 말하며, 남자아이의 성장과 출세를 상징한다. 장대 등을 이용하여 깃발로 만들어 높이 매달아 둔다.

38 창포는 일본어로 '쇼부ショウブ'라고 하며 상무와 승부도 각각 쇼부로 발음된다.

39 치마키チマキ : 띠, 조릿대 잎에 싸서 찐 찹쌀떡.

40 가시와모치柏餅 : 떡갈나무 잎에 싼 팥소를 넣은 찰떡.

41 가타비라帷子 : 명주나 삼베로 만든 홑옷.

42 다나바타棚機 : 일본에서는 칠석七夕을 다나바타棚機라고 한다. 다나바타는 베를 짜는 직녀를 가리키며, 일본의 직녀이야기에서 연유한 이름이다.

43 샤미센三味線 : 세 줄로 된 일본의 전통 현악기.

44 에비스 신 : 칠복신의 하나로, 원래는 어업의 신이었는데 헤이안 시대에 상업의 신으로 변하여 전국으로 확산되었고, 이후에는 농업의 신으로도 받들어졌다.

45 오타후쿠맨お多福面 : 둥근 얼굴에 광대뼈가 불거지고 코가 납작한 여자. 또는 그러한 얼굴의 탈.

제4장
결혼의 관습

지금은 남녀의 연애를 자연스럽게 받아들이고 당사자들끼리의 의사로 결혼을 약속하는 경우가 많아졌지만, 불과 얼마 전까지만 해도 혼인의 과정은 이와는 크게 달랐습니다. 결혼은 '당사자들 간의 결합'이라기보다는 오히려 '집안과 집안의 결합'으로서 중요시했습니다.

때문에 예부터 전해 내려오는 혼인의 관습 속에는 당사자들을 축복해 주는 것과 더불어 집안과 집안간의 새로운 결합을 축하하고, 양가의 가통이 자손 대대까지 이어지기를 기원하는 소망이 담겨 있습니다.

혼인 婚姻

일본의 결혼은 그 시대와 결혼하는 사람의 신분에 따라 여러 형태를 띠어 왔습니다. 민속학자인 야나기타 구니오柳田国男에 의하면 일본의 혼인 형태는 크게 「데릴사위제」와 「아시이레콘足入れ婚46」 「며느리맞이 결혼」의 순으로 변해왔다고 합니다.

데릴사위제의 경우, 과거 『겐지모노가타리(헤이안 시대 궁중 소설로 유명한 무라사키 시키부의 소설)』에도 기록되어 있듯이 남성이 여성의 집 안에 왕래한다는 의미로, 「가요이콘通い婚47」 「쓰마도이妻訪い48」라고 불리었습니다. 그리하여 여성이 이를 인정하면 혼인이 이루어져 신부의 집 안에서 축하 잔치를 베풀었습니다.

전국 시대를 지나 에도 시대에 이르면, 남성의 집으로 여성이 시집가는 「며느리맞이 결혼」 형태가 자리를 잡아 현대 결혼식의 원형을 이루는 혼례·축사가 시작되었습니다. 또한 이는 일반 서민들 사이에서도 널리 유행하였습니다.

데릴사위제와 며느리맞이 결혼의 중간 형태로서 아시이레콘이 있습니다. 이는 결혼이 성립된 것에 대하여 신랑 측이 축하잔치를 열면, 신부는 일단 시댁에서 친정으로 돌아와 생활합니다. 이후 신랑이 처가를 방문하는 형식을 취하면서 일정 기간이 지난 후 신부와 자식들을 신랑 집으로 데려와 함께 살기 시작하는 것이 아시이레콘입니다.

그러나 어떤 경우에서든 혼인을 축하하는 행사나 의식 등은 신랑이나 신부 중 어느 한 집에서 치렀습니다. 지금과 같이 장소를 빌려 식을 올리게 된 것은 메이지 시대 이후부터입니다.

맞선 見合い

에도 시대 무렵까지는 지금처럼 남녀가 자유롭게 교제할 수 없었기 때문에 혼인의 전 단계로 주로 「맞선見合い」을 보았습니다. 맞선은 「결혼시키다, 짝지어준다」라는 말에서 나왔으며, 남성에게 아내가 될 만한 여성을 소개시켜주는 것입니다.

당시의 맞선은 주로 여성의 집에서 보았으며, 그 자리에서 남성이 의사표시를 하는 것이 관례였습니다.

예를 들어 남성과 중매인이 자리에 앉아 있으면 먼저 선을 볼 여성이 다과 등을 가지고 옵니다. 그때 상대 여성이 마음에 들면 준비된 차를 마시거나 과자를 가지고 돌아가거나, 혹은 자신의 부채를 두고 감으로써 혼인할 의사가 있음을 상대방에게 표시했습니다.

그러나 혼인할 의사가 없을 때에는 이와 반대로 차를 마시지 않거나 과자에 손을 대지 않거나, 또는 부채를 다시 가져가는 것으로 상대방과 혼인할 의사가 없음을 나타냈습니다.

남녀의 연애가 당연시 된 지금도 남녀 간에 맞선을 보기는 하지만, 예전처럼 남성만이 일방적으로 의사를 표시하는 형태는 거의 없습니다.

중매인仲人

요즘은 중매인을 내세우지 않고 결혼식을 올리는 사례가 많지만, 이전에는 결혼할 때 중매인을 세우는 것이 일반적이었습니다. 헤이안 시대 무렵의 가요이콘에서는 이미 중매자가 등장하여 남녀의 혼담을 주선하는 역할을 했습니다. 이때 대개의 중개자는 신분이 높은 사람이었습니다.

이와 관련하여 가마쿠라 시대에는 「나카다치中媒」라고 불리는 여자가 있었으며, 이들은 때로 미혼남성에게 신부를 중매하여 금전적인 보수를 받기도 했습니다.

며느리맞이 결혼 형식이 갖추어진 에도 시대 이후로 중매인은 매우 중요시 되었고, 이들이 결혼 절차의 모든 것을 전담하였습니다. 중매인은 양가의 가정 형편이나 직업, 사회적 지위 등의 조화를 고려하면서 혼담을 진척시키는 것 이외에 혼례에 입회하는 보증인의 역할도 맡았기 때문에 「하시와타시橋渡し(다리를 놓음, 중개함)」라고도 불렸습니다.

현재의 결혼식에서는 일반적으로 매작인媒酌人을 세우는데 이 명칭은 곧 결혼식 당일에 참석한 중매인을 말하며, 맞선결혼일 경우 이제까지의 경위로 보면 대개 중매인仲人이 매작인媒酌人을 겸합니다.

예물교환 結納

요즘 결혼에서는 예물교환을 생략하는 경우가 많아졌지만, 예전에는 집안과 집안을 맺어주는 의미로 예물교환의 의례가 매우 중시되었습니다.

원래 예물교환이란 혼인에 앞서 신랑 측이 여성 집안에 보내는 좋은 술과 음식, 또는 그 의례 자체를 가리켰습니다.

예물교환은 「맺어주는 물건結いの物」이라 불리며, 이미 헤이안 시대 무렵의 데릴사위제에서도 신랑 쪽에서 처음으로 처가에 갈 때 술과 안주를 가져가던 풍습이 있었습니다.

전국 시대에서 에도 시대에 이르러 결혼이 소위 '며느리맞이' 형식을 취하게 되면서, 교환 예물은 신랑과 신부 측 집안의 격식에 걸맞은 물품으로 바뀌게 되었습니다.

구체적으로는, 신랑 측에서 신부의 의상과 허리띠 등 신변에 관련된 일상용품들을 골고루 갖추어 준비하고 이를 중매인을 통해 전달했다고 합니다. 한편, 신부 쪽에서도 신랑 측으로부터 받은 예물 액수와 그 집안의 격식에 맞는 혼수품을 갖추어 미리 신랑 쪽에 전했습니다.

그러나 다시 시대가 지남에 따라 결혼예물은 물품에서 금전으로 바뀌었습니다. 지금도 예물 목록에 「온오비료御帯料(띠 값)」「온하카마료御袴料(옷 값)」 등으로 쓰여 있는 것은 예전에 결혼예물로서 물품을 보낸 것에서 유래합니다.

이처럼 예물교환은 양가를 맺어주는 의례적인 성격을 지녔으나, 혼인은 어떤 면에서는 집안의 대들보가 바뀌는 것이었습니다. 즉 신부가 신랑 쪽으로 옮겨가는 것에 대한 보상의 의미를 내포하고 있었습니다.

또 혼인이 신랑 쪽 사정으로 파기되었을 경우, 신부 측에 대한 위자료라고도 할 수 있었습니다.

신전결혼식 神前結婚式
지금과 같은 형식이 된 것은 최근이었다

요즘 젊은 사람들이 교회나 해외 등에서 결혼식을 올리는 경우가 많지만, 지금도 여전히 신전결혼식을 거행하는 경우가 많은 것 같습니다.

신도는 예전부터 일본에서 일상생활과 밀접한 관계를 맺었지만 지금과 같은 신전결혼식이 행해지게 된 것은 메이지 시대 이후입니다.

가마쿠라 시대 무렵 무사 집안의 혼례는, 신랑 집에 가마를 탄 신부가 오면 신랑 측 가족이 참석한 가운데 서로 부부의 잔을 주고받고, 후에 신랑이 친척 등에게 신부를 소개하는 것과 같이 지극히 간소하게 진행되었습니다. 혼례는 점차 의식화되어 무로마치 시대에 이르면 「삼삼구도三三九度[49]」가 더해집니다.

지금의 신전결혼식에서 볼 수 있는 형식은 1900년(메이지 33) 황태자(훗날 다이쇼 천황)의 성혼식을 본보기로 하여 널리 퍼져나간 것으로 알려져 있습니다. 또 혼례의식이 신랑 측 집안 이외의 장소에서 행해지게 된 것 역시 바로 이 다이쇼천황의 성혼을 계기로 정착한 것입니다.

이후 일반인도 신사에서 신전결혼식을 치르게 되었고, 신랑 신부는 신전에서 삼삼구도를 주고받게 되었습니다.

삼삼구도三三九度

삼삼구도의 잔이란 신랑 신부가 함께 「오미키ぉ神酒(신에게 바치는 제주)」를 주고받으며 서로 결혼을 맹세하는 신도神道의 독특한 의식입니다. 세 잔씩 세 번 잔을 주고받기 때문에 「삼헌의 의三献の儀」 「삼삼구헌三三九献」이라고도 불립니다.

삼삼구도는 우선 대, 중, 소 세 벌의 잔 중 신랑이 작은 잔(첫 잔)을 양손으로 잡고 무녀巫女로부터 오미키를 세 번에 걸쳐 따라 받습니다. 신랑은 한 잔 두 잔까지는 입만 대고 세 잔째에는 다 마십니다. 그 후 신부도 같은 순서로 행합니다.

중간 크기의 잔(두 번째 잔)은 반대로 신부가 양손으로 쥐고 작은 잔으로 마실 때와 똑같이 세 번에 걸쳐 따른 오미키를 세 번에 나누어 마십

니다. 그 후 신랑도 같은 순서로 행합니다.

마지막은 신랑이 큰 잔(세 번째 잔)을 양손에 쥐고 작은 잔과 똑같이 신랑 신부의 순으로 행합니다.

이처럼 신랑 신부가 3회 동안 세 잔에 나누어 서로 주고받음으로써 합해서 9회가 되기 때문에 「삼삼구도」라고 하며, 몇 번이고 신랑 신부가 잔을 거듭 주고받음으로써 인연을 굳게 맺는다는 의미가 함축되어 있습니다.

삼삼구도의 횟수는 중국의 영향을 받았다고도 합니다. 홀수인 3은 운수가 좋은 수라 여겼는데 그것을 3번 반복함으로써 보다 경사스러운 숫자인 9가 되므로, 이 결혼이 최고의 경사임을 나타냈습니다.

결혼식이 끝난 후 신랑 신부의 결혼피로연이 열립니다. 근세 이후에는 주로 신랑 집에서 결혼식을 올렸으며 이때 친척, 지인, 이웃사람 등을 초대하여 피로연을 열었습니다. 그리고 다음 날에는, 특히 신부를 소개하기 위하여 신랑 부모와 신부가 이웃들에게 인사를 했는데, 이를 통해 아들의 며느리로서 시집온 것을 사람들로부터 인정받는 것이 관례였습니다.

옛날에는 마을 밖에서 신부를 맞이할 때 양가의 관계자는 물론이거니와 마을 사람에게도 소개하여 공인 받을 필요가 있었습니다.

메이지 시대 이후 신전결혼식이 확대되고 이와 함께 피로연도 점차 성대해짐에 따라 결혼식보다도 오히려 피로연 쪽을 중시하게 되었습니다.

지금도 피로연에서는 연회가 열리기를 기다리는 동안 하객들에게 「사쿠라유桜湯50」를 내놓는 일이 있습니다. 차는 「お茶を濁す」가 「어물어물 적당히 해서 그 자리를 넘기다」라는 의미를 갖고 있기 때문에 삼가합니다. 외관상으로도 보기 좋고 운수도 좋다고 하여 찻잔 안에 벚꽃잎을 띄운 벚꽃차를 내놓았다고 합니다.

오이로나오시 お色直し

일본의 결혼식에서는 피로연이 진행되는 동안에 신부가 일시적으로 연회장에 나와 다른 옷차림으로 등장하는 「오이로나오시お色直し」가 행해집니다.

이 오이로나오시는 옛날에 신부가 친정의 가문이 새겨진 「시로무쿠白無垢[51]」를 입고 혼례를 한 후, 식이 끝난 후에는 신랑 측 가문이 새겨진 의상으로 갈아입게 된 것에서 유래했다고 합니다. 또 결혼식과 같은 엄숙한 의식에서는 청순함을 나타내는 시로무쿠를 입고, 피로연에서는 다른 기모노로 갈아입었기 때문이라는 설도 있습니다.

원래 오이로나오시는 여성만 행하는 것이었지만 지금은 신부와 함께 신랑도 모닝코트, 가문을 넣은 예복 차림 등으로 갈아입는 경우가 있습니다.

히키데모노 引出物

결혼식 피로연에 초대한 하객에게는 돌아갈 때 답례품인 히키데모노 引出物를 주는 것이 통례입니다. 이같이 연회석에 초대한 손님에게 주최자가 물품을 주는 관습은 옛날부터 존재했습니다. 이미 헤이안 시대 귀족들 사이에서는 말을 끌고 와서 답례품으로 보냈다는 문헌 기록이 남아 있는데, 이것이 히키데모노의 어원이 되었습니다. 당시에 보냈던 것은 말뿐만이 아니라 매나 개 혹은 의복 등이었던 경우도 있었습니다.

가마쿠라 시대에 접어들어 무사사회가 되자 칼과 검, 활과 화살 등의 무기도 히키데모노에 추가되었으며, 뿐만 아니라 사금, 돈, 학, 잉어, 차, 미역 등에 이르기까지 광범위한 범위에 걸쳐 다양한 물품을 보냈습니다.

에도 시대에 이르러서는 연회석의 요리에 딸려 나온 가쓰오부시鰹節와 구운 도미 또는 도미를 본뜬 낙안落雁[52] 등을 히키데모노라고 부르게 되었습니다.

가쓰오부시는 나라 및 헤이안 시대에 「가타자카나堅魚(말리면 딱딱해지는 생선)」로 불렸는데 세금으로 납부했을 정도로 귀하게 여겼으며, 보존의 용이성 때문에 히키데모노로 이용되었습니다. 도미 또한 그 모습과 형태가 훌륭할 뿐만 아니라 칠복신 중 에비스 신이 안고 있는 생선이었기 때문에 좋은 운수의 의미를 지닌 히키데모노가 되었습니다. 이러한 관습 속에는 「히키데모노」라는 선물을 가지고 집에 돌아가서 연회에 참석하지 못한 가족들과 경사스러움을 나누고자 하는 배려도 있었던 것 같습니다.

사토가에리 里帰り

옛날에는 결혼한 지 3일이나 5일째에 「첫 친정나들이初里帰り」라고 하여 신부가 신랑을 데리고 친정으로 돌아가는 관습이 있었습니다. 이는 신부가 시댁에 소속되었음을 다시금 알리는 의미를 가지는 동시에 과거 아시이레콘의 흔적이라고도 할 수 있습니다.

사토가에리里帰り를 할 때에는 술과 안주를 가지고 가, 처가의 부모를 비롯하여 가까운 친척들과 술을 대작하며 친교를 깊게 다졌기 때문에 사토가에리는 「사토비라키里開き」 「사토히로里披露」 등으로도 불렸습니다.

역주

46 아시이레콘足入れ婚 : 가족만의 간단한 혼례식을 마치고, 신부가 시집에 가 사는 결혼풍습.

47 가요이콘通い婚 : 결혼해서 함께 사는 것이 아니고 남자가 여자 집을 다니는 혼인제도.

48 쓰마도이妻訪い : 남자가 여자를 찾아가 구혼하는 것.

49 삼삼구도三三九度 : 신랑 신부가 세 개의 잔으로 하나의 잔마다 술을 세 번씩 마셔 모두 아홉 번 마시는 것.

50 사쿠라유桜湯 : 소금에 절인 벚꽃에다 뜨거운 물을 부은 차(경사스러운 일에 차 대신 마심).

51 시로무쿠白無垢 : 겉옷·속옷이 모두 흰옷 차림. 또는 겉이나 안을 모두 흰 감으로 지은 옷.

52 낙안落雁 : 마른과자의 일종으로, 볶은 메밀가루·찹쌀가루·콩가루·보릿가루 등에 설탕·물엿을 섞고 소금과 물을 조금 넣어 반죽한 다음 틀에 찍어 말린 과자.

제5장
임신·출산의 관습

의료기술이 발달하지 않았던 시대에 출산은 임산부와 아기가 죽음의 위험을 감수해야 하는 난관이었습니다. 이러한 연유로 출산은 부정적인 것으로 여겨졌으며, 임산부를 방에 격리시키고 우부가미産神(산모와 아이를 지키는 신)의 보호를 구하며 기도를 올렸습니다.
지금은 의료기술이 발달하여 출산이 옛날만큼 큰일은 아니지만, 아기가 무사히 태어나고 건강히 성장하기를 간절히 바라는 마음에는 변함이 없습니다. 그같은 생각은 여러 형태의 임신과 출산의 관습으로 지금도 남아 있습니다.

오비이와이帶祝い

오비이와이帶祝い는 「차쿠타이이와이着帶祝い」라고도 하며, 현재는 잘 쓰이지 않는 말이지만 임신 5개월째의 임산부가 「이와타오비岩田帶」라는 복대를 두르는 것을 축하하는 말입니다. 이 의식은 임신 5개월째의 술일을 택합니다.

왜 술일인가 하면 개는 다산을 하고 수월히 새끼를 낳으므로 이를 본받고 좋은 영향을 받아 출산이 원활히 이루어졌으면 하는 바람이 있었기 때문입니다. 또 불교에서 개는 사람의 영혼이 이 세상과 저 세상의 경계에서 왕래하는 것으로부터 지켜준다고 생각했기 때문에 에도 시대 무렵부터 이날에 하게 되었습니다.

이날을 위해 처가에서는 이와타오비에 쓰이는 무명실과 함께 쌀이나 팥 등을 보냅니다. 또한 일반적으로 자녀를 둔 부부가 함께 입회합니다. 의식 당일에는 임산부의 하복부에 이와타오비를 두르고, 가족이나 친지들이 모여 팥을 넣은 찰밥 등을 먹으면서 임산부를 축하해 줍니다.

이와타오비란 원래 「이하다오비齋肌帶」가 변한 말로, 「재齋」는 「꺼리다忌み」를 의미합니다. 이처럼 일찍이 출산은 부정한 것으로 간주되었으며, 오비이와이 날부터 출산이 갖는 부정함에 영향을 받기 때문에 복대를 배에 감아 순산을 빌었던 것입니다.

이러한 신앙적인 이유 외에도 이와타오비는 복중 태아를 지키고, 임산부를 요통이나 냉증으로부터 보호하는 실용적인 역할도 했습니다.

탯줄 へその緒

병원이나 조산원에서 무사히 출산을 마치면, 산모의 태반과 태아의 배꼽을 이어주던 탯줄을 오동나무 상자 등에 넣어 산모에게 건넵니다. 탯줄은 임신 중 산모로부터 태아에게 전달되는 영양소의 보급로인 동시에 생명유지 파이프로서 부모와 자식의 관계를 이어주는 원점이라고 할 수 있습니다.

예전에는 산모가 퇴원해서 집으로 돌아가면 탯줄을 건조시켜 우부게 産毛(배냇머리)[53]와 함께 종이에 말아서 오동나무 상자에 넣고, 상자 겉에 아이의 성명과 생년월일, 부모의 이름을 적어 신단에 공양했습니다.

그리고 아이가 성인이 될 때까지 자녀의 수호신으로서 소중하게 보존하고, 아들이 전쟁에 나가거나 딸이 시집을 가게 될 때에 본인에게 건네주었습니다.

또한 아이가 큰 병에 걸렸을 때 탯줄을 달여 먹이면 아이의 생명을 구할 수 있다고 생각했습니다.

오시치야 お七夜

옛날에는 어린아이가 출생한 지 7일째가 되면 부부와 양가의 부모 등이 모여 집안사람들끼리「오시치야お七夜」라고 하는 축하행사를 열었습니다.

원래 헤이안 시대의 귀족계급에서는 아이가 태어난 첫날을 초야, 3일째를 삼야, 5일째를 오야, 7일째를 칠야, 9일째를 구야라고 하여 기수일에 출산을 축하하는「우부다치이와이産立の祝い」를 했습니다.

그것이 에도 시대에 칠야만을 축하하는 행사로 남아 피로연으로서 오시치야라고 부르게 되었습니다.

특히 도쿠가와 집안에서는 오시치야를 명명命名의례로 삼고, 모든 다이묘大名[54]들로부터 축하선물을 받는 공식행사로서 인정했기 때문에 그 행사가 서민 사이에서도 퍼진 것이라고 합니다.

명명하는 당일에는 봉서지奉書紙[55] 등의 중앙에 붓으로「명명 ○○○」라고 이미 정해둔 이름을 적고, 좌측에는 생년월일을 기입하여 신단 아래나 도코노마 기둥에 붙이는 것이 통례입니다.

팥밥 赤飯

경사스러운 자리에 꼭 내놓는 이유

출산뿐만 아니라 축하할 일이 있을 때, 반드시라고 해도 좋을 정도로 꼭 내놓는 음식이 바로 팥을 넣은 찰밥이었습니다. 지금도 출산 축하나 결혼피로연의 답례로 찬합 등에 찰밥을 넣어서 주변에 나누어 주기도 합니다.

이와 같이 경사스러운 날에 사용하는 찰밥은 일찍이 가마쿠라 시대부터 궁중에서 3월 3일, 5월 5일, 9월 9일의 명절 밥상에 꼭 올라왔습니다. 다시 말해 예로부터 「하레ハレ」의 음식이었습니다.

팥밥을 이처럼 하레 음식으로 사용하게 된 것은, 팥을 넣고 쪄낸 찰쌀의 붉게 물든 모습이 예전에 널리 재배된 붉은 쌀과 비슷했기 때문입니다. 화전 농업에서는 2년째 이후에 팥을 재배하는 경우가 많아 쌀과 팥을 섞어 먹는 것이 일상적인 식생활이었습니다.

또 옛부터 팥에는 마귀를 쫓는 힘이 있다고 여겼는데, 그 때문에 팥을 넣은 찰밥을 경사스러운 일에 내놓게 되었다고도 합니다.

이런 연유로 불교 의식과 같은 행사를 치를 때에도 팥을 넣은 찰밥을 짓습니다. 일부 지역에서는 팥 대신 강두(팥과의 일종)를 사용하는 곳도 있습니다.

오미야마이리 お宮参り

원래 어떤 목적이 있는가

태어난 아이를 처음 집 밖에 데리고 나가 가까운 신사 등에 참배하는 의식을 「미야마이리宮参り[56]」 또는 「하쓰미야마이리初宮参り」라고 합니다.

옛날에는 자기의 씨족신을 모시고 있는 신사에 아이를 데려가 새로운 씨족신의 후손으로서 인정받게 하는 것이 관례였습니다. 「미야마이리」를 「우지코이리氏子入り」나 「겐조마이리見参り」라고도 하는 것은 그 때문입니다. 즉 태어난 아이가 그 토지를 지키는 씨족신에게 인정받게 하고, 지역사회의 일원이 되게 하기 위한 의식이었던 것입니다.

이러한 의식은 원래 헤이안 시대의 귀족 사이에 있었던 「아리키조메步行初め[57]」라는 풍습에서 기원한 것이라고 합니다. 아리키조메는 생후 20일에서 50일 정도의 아이를 데리고 길흉 중에서 길吉의 방위恵方[58]에 사는 지인의 집을 방문하는 풍습입니다.

무로마치 시대가 되어 장군인 아시카가 요시미쓰足利義満가 태어났을 때, 막부의 위력을 보여주기 위해 대규모의 미야마이리가 행해졌던 것을 계기로 이 행사가 일반에게도 널리 퍼졌다고 합니다.

현재의 미야마이리는 남자아이의 경우 생후 32일째, 여자아이는 생후 33일째에 행하는 곳이 많고, 지역에 따라서는 이르면 7일째(오시치야 お七夜)[59]에서부터, 늦게는 100일째에 행하는 등 전국적으로 미야마이리를 하는 날은 제각각입니다.

오쿠이조메 お食い初め

태어나서 백 일째에 행하는 의식이 「오쿠이조메お食い初め」입니다. 이 의식에는 아이가 한 사람 몫의 인간으로서 성장하고, 평생 먹고사는 일에 곤란하지 않기를 바라는 마음이 담겨 있다고 합니다.

처음으로 모유 이외의 음식을 먹으며 젓가락을 사용한다는 의미에서 「하시조메箸初め」「하시이와이箸祝い」라고도 하며, 지역에 따라서는 백 일째에 행하기 때문에 「모모카(백일)」라고도 합니다. 이날은 아이를 위해 밥그릇, 밥상, 젓가락 등을 새로 준비합니다. 정식 축하 요리에는 이치노젠一の膳[60], 니노젠二の膳[61]이 있습니다. 이치노젠에는 주먹밥, 잉어나 도미 등의 생선구이와 함께 우메보시梅干し[62]와 작은 돌을 곁들이며, 니노젠에는 홍백의 떡을 곁들입니다.

이치노젠에 쓰이는 작은 돌은 씨족신의 사찰 경내에서 주워온 것으로, 아이의 이름을 적어 오쿠이조메가 끝나고 난 다음 씨족신에게 바칩니다. 작은 돌을 곁들이는 것은 하가타메歯固め의 의미가 담겨 있다고 합니다. 지금의 오쿠이조메는 생후 백 일부터 백 이십 일경에 하지만, 어른을 대상으로 하는 밥상이기 때문에 아이에게는 형식적으로 먹는 흉내만 시키고 이 의식을 끝냅니다.

첫돌 初誕生祝い

태어나서 처음으로 맞이하는 만 1세의 생일에는 예로부터 부부와 함께 양가의 부모들도 모여 이를 성대하게 축하했습니다.

이날을 위해 만든 떡은 길흉을 따져 「치카라모치力餠」라고 부릅니다. 지역에 따라서는 잇쇼모치一升餠[63]를 보자기에 싸서 아이에게 짊어지게 합니다. 너무 무거워서 아이가 울 때, 많이 울면 울수록 건강한 아이가 된다고 하여 축하했습니다. 그래서 「닷타라모치立ったら餠」「붓코로바시모치ぶっころばし餠」라고도 했습니다.

이처럼 첫 생일축하 날에 떡을 짊어지게 하는 것은 일설에 의하면 '빨리 혼자 걸을 수 있기를 바라는 마음'이 담겨 있다고 합니다. 한편, 첫 생일 전에 너무 빨리 걷기 시작하는 것을 꺼려하는 풍조가 있었기 때문이라고도 합니다. 어찌됐든, 아이의 건강한 성장을 바라는 행사라는 점에서는 아직도 변함이 없습니다.

옛날의 첫 생일을 축하하는 밥상에는 떡 이외에 찰밥이나 도미 등을 통째로 구워서 올렸는데, 최근에는 생일 케이크로 대신하기도 합니다.

53 배냇머리 : 출산 후 한 번도 깎지 않은 갓난아이의 머리털.

54 다이묘大名 : 넓은 영지를 가졌던 무사. 에도 시대에는 만 석石 이상을 영유한 막부 직속의 무사.

55 봉서지奉書紙 : 닥나무로 만든 주름이 없고 새하얀 상질의 종이.

56 미야마이리宮参り : 아기가 태어난 후 처음으로 수호신을 모신 신사에 참배함. 흔히 생후 30일 전후에 함.

57 아리키조메步行初め : 어린아이가 처음으로 걷기 시작할 때 베푸는 축하 의식.

58 에호惠方 : 음양도에서 그해의 간지干支에 따라 길하다고 정해진 방향. 길한 방위.

59 오시치야お七夜 : 아기를 낳은 지 이레 되는 날 밤. 또는 그 축하.

60 이치노젠一の膳 : 일본의 정식 요리에서 처음에 나오는 찬과 밥.

61 니노젠二の膳 : 일본의 정식 요리에서 혼젠本膳 다음에 내는 요리상.

62 우메보시梅干し : 매실 장아찌. 소금에 절인 매실을 말렸다가 차조기 잎을 섞어 담근 장아찌.

63 잇쇼모치一升餅 : 만 1세의 생일을 축하하는 떡.

제6장
경사의 관습

일본인은 계절의 구분뿐만 아니라 연령에 어울리는 인생의 고비 역시 소중히 해 왔습니다. 아이가 성장하여 어른이 되기 위한 통과의례로는 시치고산이나 성인식 등이 있고, 장수를 축하하고 연장자에게 경의를 표하는 의미로 회갑이나 고희 등을 축하했습니다.

여러 가지 전통과 관습이 잊혀져가는 속에서 그 안에 담겨 있는 의미를 다시 한 번 인식하고 일본인의 여유 있는 인생관을 재차 생각해보기로 합니다.

시치고산七五三

11월 15일에 3세가 된 남자아이와 여자아이, 5세가 된 남자아이, 7세가 된 여자아이의 성장을 축하하기 위하여 나들이옷을 입혀 씨족신을 모시는 신사에 가서 액막이를 받는 행사가 시치고산七五三입니다. 지역에 따라 남녀의 연령을 구분하지 않는 곳도 있습니다.

예전에는 정월의 길일이나 생일 등에 행해졌지만, 에도 시대가 되면서 도쿠가와 쓰나요시의 아이인 도쿠마쓰의 축하행사를 1681년 11월 15일에 행한 이후부터 이날이 되었다고 합니다.

무사사회에서는 아이가 3세가 되면 남녀 모두 단발머리에서 묶는 머리를 하는 「가미오키 행사髮置きの祝い」를 했습니다. 또 5세가 되면 남자아이에게 처음으로 하카마袴64를 입혀 바둑판 위에 세우는 「하카마키 행사袴着の祝い」를 했습니다. 7세가 된 여자아이에게는 그때까지 오비帶65 대신에 매고 있던 끈을 풀고 처음 오비로 바꾸어 매는 「오비토키帶解」 「오비나오시의 행사帶直しの祝い」를 했습니다. 이것이 시치고산의 원형이라고 합니다.

옛날에는 「일곱 살까지는 신에게」라 할 정도로 7세까지의 사망률이 높았기 때문에 7세까지 무사히 자라온 아이의 성장에 대해 씨족신을 찾아가 감사하는 의미도 있었다고 합니다.

시치고산에서 빠뜨릴 수 없는 치토세아메千歲飴66는 원래 에도의 센소지 경내에서 팔던 것이 전국적으로 보급된 것입니다.

주산마이리 +三参り

「주산마이리+三参り」는 세는 나이数え年로 13세가 된 남녀의 통과의 례로서, 음력 3월 13일 전후 허공장보살虚空蔵菩薩이 안치된 절에 부모와 자식이 참배하던 행사입니다.

허공장보살은 허공을 창고로서 가지고 있는 것처럼 헤아릴 수 없는 지혜와 복덕을 가져오는 보살로, 13번째로 태어난 보살이었기 때문에 13세가 된 아이를 데리고 13일에 참배하게 되었습니다.

이 주산마이리는 지금은 거의 볼 수 없지만, 에도 시대에는 아이에게 지혜와 복덕을 받게 하기 위한 목적으로 민간에서도 많이 행해졌습니 다.

13세는 십간과 십이지에서 2번째 도시오토코에 해당하며, 남자아이 에게는 성인식에 앞서 「약식 성인식의 관례」라는 의미도 있었습니다.

또 여자아이는 초경 시기와 겹칠 때이므로 13세를 성인 여성으로 간 주하고, 처음으로 본바느질을 한 기모노를 입혀서 참배를 하게 했습니 다. 더욱이 여성에게 13세는 처음 있는 액년厄年[67]에 해당하므로 액막이 의 의미도 있었습니다.

성인식 成人式

현재는 남녀 모두 20세가 되면 성인으로 인정됩니다. 1월 15일을 성인의 날로서 공휴일로 정한 것은 1948년부터지만, 지금은 1월의 두 번째 월요일입니다.

일본에서는 예로부터 남자아이가 어른이 되기 위해 거쳐야 할 통과의례가 있었는데, 이것이 지금 말하는 성인식이었습니다. 이미 682년에 의식으로서 제정되었으며, 나라 시대 이후에는 「원복元服」이라고 불렀습니다.

원복의 「원元」은 머리首이며, 「복服」은 착용한다는 의미입니다. 궁정이나 귀족들의 사회에서는 대부분 13세부터 15세 정도가 되면 소년의 머리모양을 성인의 머리모양으로 바꾸고 관을 쓰게 하며, 입는 것 역시 성인 복장으로 바꾸었습니다.

중세 이후의 무사 시대에는 남자에게 이 같은 원복 의식이 있어서, 대개 15세가 되면 그때까지 사용하던 아명을 어른의 이름으로 바꾸고 에보시烏帽子[68]라는 관을 썼습니다.

원복의 의식에서는 아버지나 에보시오야[69]라고 불리던 사람이 에보시를 씌워주고, 그들로부터 한 글자를 받아 개명했습니다. 이러한 에보시오야는 덕이 높은 사람이나 유력자 등에게 부탁하는 것이 관습이었습니다.

에도 시대가 되면서 에보시를 쓰는 풍습은 없어졌지만, 귀족이나 무사를 모방하여 서민들 사이에서도 18,9세에 원복이 행해지게 되었습니다.

한편 여자아이의 경우에는 13세 때쯤부터 초경을 맞는 등 생리적으로 어른의 조건을 갖추어 가기 때문에 헤이안 시대 중기에는 13세에서 16세 정도가 되면 늘어뜨리고 있던 앞머리를 틀어 올려 얹는 것, 모裳[70]를 입는 것, 이를 까맣게 물들이는 것, 눈썹을 그리는 것 등이 허용되었습니다.

가마쿠라 시대 이후로, 성인 여성으로 인정받게 되면 소데토메袖留[71]를 입었으며, 에도 시대에는 모를 입었습니다. 또 이를 까맣게 물들이거나 눈썹을 그리는 것은 결혼 후에 하는 등 시대에 따라 형식이 변화했습니다.

결론적으로 옛날에는 남자는 15세, 여자는 13세 정도부터 어른으로 대우했던 것입니다.

회갑연 還暦の祝い

장수를 축하하는 풍습은 나라 시대 무렵부터 있었고, 무로마치 시대에 이르러서 완전히 정착되었습니다. 「인생 50년」이라고는 하지만 옛날에는 평균수명이 40세 정도였기 때문에, 40세가 되면 가족이 모여 축하연을 열고 그 뒤에도 10년마다 「생일축하」를 했습니다.

에도 시대에는 세는 나이数え年[72]로 60세가 되면 공적인 업무에서도, 사적인 부분에서도 완전히 은퇴했고, 61세에 맞는 「환갑 연회」가 인생의 전환점이었습니다.

지금은 만 60세에 환갑을 맞이하지만, 옛날에는 세는 나이로 계산했기 때문에 61세에 환갑이 되었습니다. 즉 태어난 해의 십간과 십이지가 모두 되돌아오는 해가 환갑인 것입니다. 그래서 이 연령이 되면 친인척들이 모여 「다시 태어남」을 축하하고, 아기 때 썼을 법한 빨간 즈킨頭巾[73]과 어린이용의 소매 없는 찬찬코ちゃんちゃんこ라는 솜이 든 하오리羽織[74]를 선물하며 무병장수를 축복했습니다.

장수의 축하 長寿の祝い

환갑에 이어 장수에 관한 의례로는 70세를 축하하는 「고희古稀」가 있습니다. 이것은 두보의 「곡강시」의 1절에 있는 「인생 칠십 좀처럼 없는 일」에 바탕을 두고 있습니다.

70세의 고희 다음은 77세 「희수喜寿」의 축하로, 「희喜」의 약자가 「㐂」로 칠이 겹쳐져 있는 것에서부터 유래되었습니다.

이후 80세의 「산수傘寿」는 「산傘」의 약자가 「仐」로 八과 十으로 보이는 것에서, 88세의 「미수米寿」는 「미米」의 글자가 八十八로 보이는 것에서, 90세의 「졸수卒寿」는 「졸卒」의 약자 「卆」가 九十으로 보이는 것에서 유래되었습니다. 99세의 「백수」는 「백百」에서 「一」을 없애면 「白」이 되는 것에서부터 유래되었습니다.

그리고 100세의 축하 「백하百賀」는 문자 그대로 「백세」를 「축하한다」라는 의미입니다.

지진제 地鎮祭

일본에서는 옛날부터 집을 짓거나 토목공사를 하기 전에 반드시 「지진제地鎮祭」를 지냈습니다.

이 의식은 작업에 착수할 즈음에 이르러 그 토지에 서린 부정을 깨끗이 없애고, 토지에 깃들어 있는 신령을 진정시키기 위하여 작업을 하기 전에 행하는, 이를테면 안전을 기원하는 제사라 할 수 있습니다.

'일본에는 팔백만의 신이 있다'는 말도 있듯이 과거 일본인들은 어느 토지에나 신이 깃들어 있다고 생각했습니다.

지금도 집이나 건물, 최첨단의 공장을 신축할 때에는 신주神主를 불러 지진제를 할 때가 많습니다.

원래 헤이안 시대에는 음양사라 불리는 길흉이나 재난 등을 점치는 주술사가 지진제를 수행하였지만, 메이지 시대 이후에는 음양사를 대신하여 신주가 중심이 되었고, 그것이 현재에 이르게 되었습니다.

지진제를 할 때에는 건설예정지 일부의 네 귀퉁이에 청죽靑竹을 세우고 금줄을 두르고 나서, 중앙에 모래를 쌓고 그 앞에 제단을 마련하여 제삿술·쌀·생선·야채 등을 올려 신령에게 바칩니다.

그리고 나서 신주는 축문을 올리며 참석한 사람들에게 액막이 의식을 하고, 쌓아 올린 모래 위에 제주를 뿌린 뒤, 이어서 시공주가 조금 전 쌓아 올린 모래에 첫 삽질을 합니다. 이 삽질은 신령의 수호를 바탕으로 지면을 파서 일군다는 의미가 있습니다.

마지막으로 시공주나 가족·건축 관계자들이 신령에게 다마구시玉串[75]를 바침으로써 지진제의 의식을 끝냅니다. 그 다음에는 건축 관계자들과 시공주와 가족들이 함께 축하연을 하는 것이 통례입니다.

상량식 棟上式

집의 골조가 완성되어 마지막으로 기둥이나 들보 위에 마룻대를 올릴 때, 「상량식棟上式」을 합니다. 목조 집에서는 마룻대가 지붕을 받치는 중요한 역할을 하기 때문에 이러한 의식이 생겼습니다. 발 디디기 좋은 현관이나 복도 등에 간단한 제단을 만들고, 그 위에 야채·술 등을 비롯하여 씻은 쌀과 소금을 담은 접시를 준비합니다. 그리고는 헤이구시幣串라고 하는 마귀를 쫓는 장식품을 길한 방향(그해의 길한 방위)을 향해 마룻대의 지주에 동여매어 지붕을 올릴 때 장식해 둡니다.

상량식은 건축물이 완성되기 바로 전까지 진행되어온 과정을 토지의 신령에게 보고하고 감사하기 위한 의식입니다. 본래 신주를 모셔오는 것이 정식이지만 최근에는 신주를 모셔오지 않고 목수의 우두머리가 중심이 되어 현장에서 활약한 노무자나 미장공들이 직접 행하는 것이 대부분입니다. 이 식은 현장에서 일한 사람들의 노고를 치하하고 위로하는 의미도 포함되어 있습니다.

식이 끝난 후에는 현장에 맞춤 책상을 만들어 주연酒宴을 개최합니다. 이때 시공주는 축의금을 준비하여 주연에 참석하며 오로지 현장에서 일을 한 목수의 우두머리를 비롯해 직공들에게 위로금을 주며 대접합니다. 또 상량식에서는 주변에 모인 사람들에게 떡이나 돈을 나눠주는 광경을 종종 볼 수 있으며, 이들과 함께 축하할 때도 있습니다.

🐾 역주

64 하카마袴 : 일본 옷의 겉에 입는 아래옷.

65 오비帯 : 일본 옷에서 허리에 두르는 띠.

66 치토세아메千歳飴 : 시치고산의 축하용으로 파는 홍백으로 물들인 가래엿.

67 액년厄年 : 일생 중 재난을 맞기 쉽다고 하는 운수 사나운 나이. 남자는 25, 42, 60세, 여자는
    19, 33, 49세를 일컬음.

68 에보시烏帽子 : 옛날 성인식을 치른 궁정 귀족이나 무사가 머리에 쓰던 건巾의 하나.

69 에보시오야烏帽子親 : 옛날 관례冠禮 때, 부모 대신 에보시烏帽子를 씌워 주고 에보시의 이름을
    지어 주던 대부代父.

70 모裳 : 고대에 여성이 허리 아래에 두르던 옷. 귀족이 정장할 때 하카마袴 위에 입던 옷.

71 소데토메袖留 : 소맷자락이 긴 소매를 보통의 소매 길이로 줄인 것.

72 세는 나이数え年 : 현재와 같이 본인의 생일이 되었을 때 한 살을 보태는 것이 아니라, 태어난
    해의 12월까지를 1세로서 해가 바뀔 때마다 한 살을 더해 연령을 세는 방법. 그해의 1월에 태
    어난 사람도, 12월에 태어난 사람도 해를 넘기면 같은 한 살로 세었다.

73 즈킨頭巾 : 머리나 얼굴을 가리는 쓰개.

74 하오리羽織 : 일본 옷 위에 입는 짧은 겉옷.

75 다마구시玉串 : 어원은 다무케구시手向串로서, 비쭈기나무 가지에 시데(하얀 종이를 서로 번갈
    아 가며 가른 것)를 달아 신 앞에 바치는 것을 말한다. 이것은 신에게 성심을 맹세하는 표명으
    로서 신과 인간의 일체됨을 표명했다.

제7장
선물의 관습

선물이라고 하면 우선 추겐이나 연말이 떠오릅니다. 요즘은 거의 형식화되어 관습으로
굳어졌지만 애초 이들 선물의 관습 역시 일본 특유의 신앙심에서 비롯되었습니다.
또한 선물에 붙이는 「노시」나 「미즈히키」도 단순한 장식이 아닌, 본래는 선물을 보내는
사람의 깊은 마음이 담겨 있습니다.

추겐中元

본래는 증답을 의미하는 말이 아니었다

현재 「추겐中元」이라 하면 평소 신세지고 있는 사람에게 여름철 안부 겸 선물을 보내는 것을 말하지만, 원래 추겐은 7월 15일을 가리켰습니다.

중국 도교의 역법에서는 삼원三元의 하나를 「추겐」이라 하며, 그 외에 1월 15일은 「상원上元」, 10월 15일은 「하원下元」이라 했습니다. 그 후 곧 도교와 불교의 공통된 축제일이 되면서 「삼원절三元節」이라 부르게 되었습니다. 7월 15일의 추겐에는 우란분재의 불교행사가 절 등에서 성대하게 행해졌습니다.

불교가 일본에 전해지면서 7월 15일 추겐의 우란분재는 오본 행사 중 하나가 되었고, 이때 자식이 부모에게 생선 등을 선물하였습니다. 그러나 이때까지는 가족끼리만 선물을 주고 받았습니다.

추겐이 지금과 같이 비즈니스 관계 등 신세를 진 사람에게까지 선물을 하는 관습이 된 것은 1900년경부터입니다. 백화점 등 상가의 매출이 하락하는 여름철에 추겐을 통해 대대적인 매출을 올리고 나서부터 매년 여름 추겐에 선물을 하는 관습이 정착되었습니다.

지금은 7월 상순부터 8월 15일 무렵 추겐 선물을 보내는 것이 일반적이지만, 7월 15일을 넘긴 경우에는 선물 겉봉에 「추겐」이라 쓰지 않고 「여름문안인사暑中見舞い」라고 씁니다. 입추가 지난 경우에는 「늦더위문안인사殘暑見舞い」라고 쓰는 것이 무난합니다.

연말선물 歲暮

「연말歲暮」은「한 해의 마지막」이라는 시기를 가리키는 말이지만, 추겐과 마찬가지로 선물을 보냅니다.

원래는 한 해의 끝자락에 쌀, 떡, 생선 등의 공물을 도시가미사마나 조상의 혼령에게 바칠 때, 이러한 공물들을 가족들이 제각기 가지고 모이던 것에서 유래합니다. 정월을 앞두고 일 때문에 귀성할 수 없는 자식이나 먼 곳의 친척들이, 조상을 모시는 본가의 제단에 바치기 위해 공물을 보내게 되었고, 그와 함께 부모님의 장수도 기원한 것이 연말선물이라는 관습으로 바뀌었습니다.

옛날에는 연말선물로 주로 자반연어나 자반방어 등의 생선을 많이 보냈습니다. 이러한 생선은「나이 먹는 생선年取り肴」이라 하여 연말음식에 꼭 나왔으며, 소금에 절여 오래 보존할 수 있어서 귀하게 여겼습니다. 이러한 연말선물의 관습은 평소 신세지고 있는 친척이나 직장 상사 등에게도 선물을 보내는 것으로 이어졌습니다.

연말선물을 보내는 시기는 보통 12월 상순부터 25일 무렵까지입니다. 이 시기에 보내지 못한 경우에는 새해에 편지 겉봉에「연하御年賀」라고 써서 보냅니다.

선물포장 贈答品の包装

요즘 선물을 보낼 때에는 대개 선물을 구입한 백화점이나 상점 등에서 포장까지 전부 해주는 것이 보통입니다. 그래서 선물을 포장하는 방법 역시 잊어버리기 십상인데, 일본의 포장 방법에 따르면 경조사는 그 포장을 각각 달리 해야 격식에 어긋나지 않습니다.

우선 포장지의 수를 보면, 혼례와 같이 경사스러운 일에는 포장지를 두 장 겹쳐서 쌉니다. 선물의 크기가 작은 경우에도 한 장의 포장지를 둘로 접고, 접혀진 부분을 잘라 두 장으로 만든 다음 포장합니다. 한편 불행한 일에는 「나쁜 일이 겹치지 않도록」이라는 의미로 포장지를 한 장으로 합니다.

경사스러운 일에는 물건을 포장지 위에 놓고, 먼저 왼쪽에서 접은 다음에 오른쪽을 접어 왼쪽 위로 하여 씌웁니다. 즉 오른쪽 접은 부분이 위로 오게 하여 포장합니다. 하지만 불행한 일에는 경사와 반대로 접어 포장합니다. 불행한 일은 비일상적인 사건이기에, 그것을 표시하기 위해 보통 때 하는 방식과는 달리 반대로 포장을 합니다. 이는 현금을 싸는 경우 역시 마찬가지입니다. 경사스러운 일에는 두 장으로 싸는 데 반해, 불행한 일에는 한 장으로 포장합니다.

미즈히키 水引

미즈히키水引는 정중하게 선물을 보낼 때 포장지에 매듭을 친 종이끈을 말합니다. 이것은 신에게 진상하는 물품을 바칠 때 치던 「금줄しめ縄」이 변화된 것으로, 「물풀을 바르다水のりを引く」라는 어원에서 유래합니다. 미즈히키는 원래 일본의 전통 종이를 비비고 꼬아서 만든 끈으로, 여기에 쌀로 만든 풀을 바르고 말려 만들었습니다.

무로마치 시대에는 진상품에 하얀 종이를 두르고 「미즈히키水引」로 묶어 「노시のし」를 붙이는 것이 의례적이었습니다. 에도 시대에는 진상품의 목적에 따라 미즈히키의 색이나 그 묶는 법 등이 바뀌게 되었습니다.

양륜매듭両輪結び **나비매듭**蝶結び

경사스러운 일, 혹은 일상의 선물과 같이
몇 번이든 축하함이 마땅한 경우.

무스비키리結び切り **아와비매듭**あわび結び

결혼이나 불행한 일들에 대하여 「두 번
다시 일어나지 않기를」 바라는 경우.

미즈히키水引**와 노시**のし

노시のし

「노시のし」는 미즈히키와 마찬가지로 정중하게 인사를 하기 위해 선물할 때 포장한 물건의 오른쪽 위에 붙여서 사용합니다.

「노시」는 원래 「노시아와비熨斗アワビ[76]」의 약자로, 「노시熨斗」라는 것은 「히노시火熨斗」를 말합니다. 히노시는 숯불의 열로 천을 폈던 옛날식 다리미입니다. 옛날에는 전복의 살을 얇게 썰어 다리미로 폈습니다.

진상품에 노시아와비를 붙였던 것은, 그것이 불교의식이나 불행한 일 등에 쓰이는 것이 아닌, 축하용 어류나 육류라는 표시입니다.

전복은 예로부터 귀한 상품으로 취급되었으며, 헤이안 시대에는 제사 때 전복을 신찬(신에게 올리는 물건을 말함)으로서 올렸고, 더욱이 가마쿠라 시대 이후 귀족이나 무사들 사이에서는 축하하는 선물에 날전복을 곁들였습니다.

노시는 대개 전복을 말려서 펼쳐놓은 「노시아와비」로 대용하게 되지만, 때로는 해초를 길게 늘여 직사각형으로 만들거나 노란색 종이조각 등을 홍백의 종이에 싸서 붙이는 등 점차 간소화되었습니다.

지금은 더욱 간단해져 축하 봉투에 이미 「미즈히키」와 「노시」 양쪽 모두가 인쇄되어 있습니다.

덧붙여 말하면, 관례적으로 해산물이나 육류처럼 비린내가 나는 선물이나, 불행한 일과 관련된 물건에는 「노시」를 붙이지 않습니다.

미즈히키水引와 노시のし

보통 경사스러운 일에는 홍백, 금은, 금홍 등 두 가지 색의 미즈히키를 세 줄 또는 다섯 줄로 해서 사용합니다. 한편 불행한 일에는 흑백이나 남색/백색의 두 가지 색, 백색 한 가지 색, 은색 한 가지 색 등의 미즈히키를 두 줄 또는 네 줄로 하여 사용합니다. 몇 번 있어도 좋은 일인 경우에는 묶는 방법 역시 다시 고쳐 묶을 수 있는 「양륜매듭両輪結び」이나 「나비매듭蝶結び」을 합니다. 이와는 반대로, 결혼이나 불행한 일에 관련된 경우에 대해서는 「두 번 다시 일어나지 않기를」 바라는 의미로 「무스비키리結び切り」나 「아와비매듭あわび結び」을 합니다.

실제의 예

선물의 표서 贈答品の表書き

원래는 품명과 수량을 적기 위한 것이었다

옛날에는 선물을 할 때, 물품의 내용을 명기한 목록을 첨부하였습니다. 그 목록을 간략화해서 포장지에 품명과 수량을 쓴 것이 「표서表書き」입니다. 예를 들어 「김 다섯 톳」과 같이 보내는 물건의 내용을 쓰고 그 왼쪽 밑에 보내는 사람의 이름을 적는 것이 예의였습니다.

이처럼 표서는 예전에 기입하던 물품 목록을 생략한 것으로서, 본래는 보내는 품목의 이름을 써야 하지만, 현재는 「오추겐御中元(음력 7월 15일)」「오세보御歳暮(연말)」라고 쓰거나 표서를 인쇄한 종이를 붙이는 것으로 대신합니다.

또한 경조사에는 축하 봉투나 부의 봉투에 현금을 넣어 보내는 일이 많지만, 그 경우에도 보내는 측의 의도를 알 수 있도록 보통 표서를 하는데, 모두 「물품을 대신합니다」라는 의미입니다.

예를 들어 경사스러운 일에는 「축하御祝」「경사寿」「안주비酒肴料[7]」 등이라 쓰고, 사례를 할 때에는 「약간의 사례薄謝」「사례御礼」 등이라 쓰며, 손아랫사람에게 사례를 할 때에는 「촌지寸志」라고 씁니다.

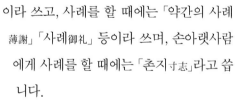

장례의 경우에는 상대가 믿는 종교에 따라 다릅니다. 예를 들어 불교에서는 「영전御霊前」「불전御仏前」「향전御香典」

「향료御香料」라 하고, 신도에서는 「신전御神前」 「신찬 대금御神饌料」 「다마구시 대금御玉串料」, 기독교에서는 「화료御花料」라 씁니다. 장례식 등에서 상대의 종교를 모를 경우에는 「영전御靈前」이라고 쓰는 것이 무난합니다.

또한 붓으로 표서를 쓸 경우 경사스러운 일에는 먹을 진하게 하여 쓰고, 불행한 일에는 먹을 옅게 하여 쓰는 관습이 있습니다.

경사스러운 일이나 일상적인 경우는 먹을 짙고 힘차게 쓰는 데에 반해, 불행한 일에 먹을 옅게 쓰는 것은 슬픔을 나타내기 위함이라고 합니다. 표서뿐만 아니라 장례식에 참석한 사람들에게 답례를 할 때의 봉투나 엽서 등에도 먹을 옅게 하여 씁니다.

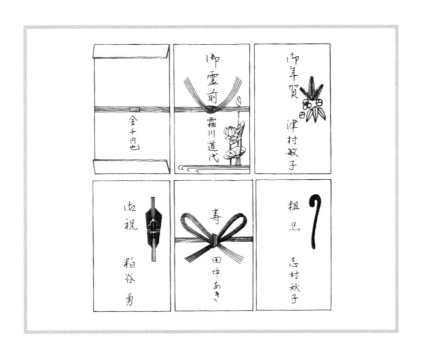

76 노시아와비熨斗アワビ : 얇게 저며 길게 늘여 말린 전복의 살. 축하의 뜻을 나타내기 위해 선물
    에 곁들여 보냄.

77 주효대酒肴料 : 고용인 등에게 술과 안주 대신 주는 수고비.

제8장

편지에 관한 관습

전자 메일이나 팩스가 널리 보급되었다고는 하지만, 직접 쓴 편지에는 또 다른 매력이 있습니다. 지금과 같은 전달수단이 발달하지 않았던 시절에도 일본인들은 편지를 주고받는 것을 매우 중요시 해왔습니다.

계절인사, 편지의 서두와 끝맺음 말 등 일본의 편지에는 전통적으로 몇 가지 약속이 정해져 있습니다. 그러나 이와 같은 것들은 의무적으로 행하도록 정해 놓은 규율이라기보다는 일본인들의 마음속에 담겨 있는 작은 배려입니다.

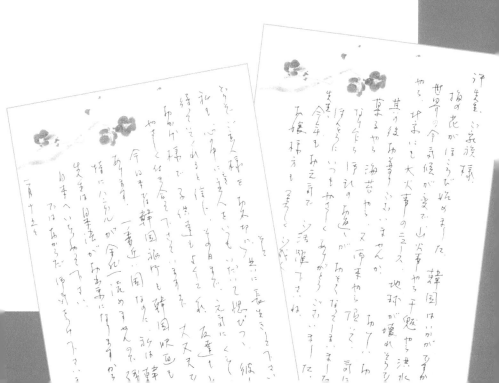

편지와 엽서 手紙と葉書

현재와 같이 전화나 팩스가 없었던 시대에는 편지가 유일한 전달 수단이었기 때문에, 예부터 편지를 주고받는 것을 중요시 여겼습니다.

특히 예의를 중히 여기는 일본인들은 편지를 쓸 때 서식書式을 비롯하여 문체, 언어표현 등에도 세심한 배려를 기울여 썼습니다.

원래 편지는 서신을 봉한 것을 가리킵니다. 엽서는 근대에 들어 쓰기 시작한 약식 편지이므로 보내는 상대와 쓰는 용건에 따라 구별하는 것이 좋습니다.

엽서는 「단서端書」라고도 하는데, 「단端」은 종잇조각에 적는 각서를 의미하며 간결하게 용건을 전하는 편의적인 수단으로 이용했습니다.

표서表書き

편지나 엽서를 보낼 때 상대방의 이름 뒤에 어떠한 존칭을 붙일 것인가는, 상대의 지위나 보내는 측의 입장에 따라 다릅니다.

그중 가장 일반적인 경칭은 「사마様」이고, 상대가 윗사람인지, 동년배인지, 손아랫사람인지, 남녀인지에 관계없이 두루 사용합니다. 「도노殿」는 공문서나 비즈니스 문서 등, 정해진 형식으로 상대에게 편지를 보낼 경우에 쓰며, 또한 부친이 자신의 아이에게 보낼 때에도 「도노」를 쓰는 것이 일반적입니다.

「온추御中」는 상대가 개인이 아닌 회사나 조직, 단체 등일 경우에 쓰는 것으로, 「그 조직, 단체의 누군가에게」라는 의미를 지니므로 「○○회사 온추御中 △△△△사마様」라고 쓰는 것은 자연스럽지 못합니다.

「각위各位」는 편지를 받는 상대가 개인이 아닌 다수의 사람인 경우에 쓰는데, 예를 들면 「동창생각위」와 같은 용법으로 사용합니다.

때로는 편지를 받는 사람에게 「사마様」「도노殿」를 붙이는 것 외에 더욱 경의를 표하여 「시사侍史」「궤하机下」「온마에御前」「오모토니御許に」 등이라 써 보내기도 하는데, 이를 「와키즈케脇付け」라 합니다.

「시사侍史」는 「곁에 있는 사람을 통해」, 「궤하机下」는 「상대의 책상 아래에서 보낸다」, 「온마에御前」「오모토니御許に」는 둘 다 「바로 옆에서」 라는 의미입니다. 그러나 최근에는 좀처럼 와키즈케를 보기 어렵습니다.

또한 편지를 받는 사람이 직접 개봉하기를 원할 때에는, 봉투 겉면 왼쪽 밑에 빨간 글씨로 「친전親展」이라 씁니다. 친전의 「친親」은 「손수」, 「전展」은 「열어주십시오」라는 의미입니다.

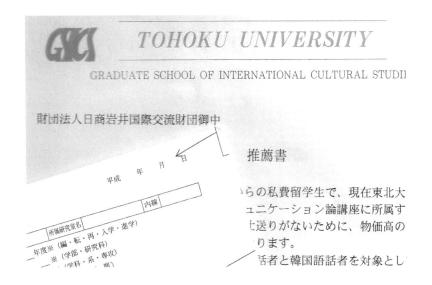

이서裏書き

주소를 쓰고 그 좌측에 보내는 사람의 이름을 쓰는 것이 일반적인 편지의 이서裏書き입니다. 그리고 이름은 편지봉투 중앙의 이음매 위에 쓰는 것이 정식입니다. 그러나 이렇게 쓰기 어려운 경우에는, 이음매의 우측에 주소를 쓰고 좌측에 이름을 써도 상관없습니다.

또 편지를 넣고 봉할 때「〆」「봉封」「함緘」 등을 쓰는데, 관습상「〆」가 일반적입니다.

경사스러운 편지에는「수壽」「하賀」라고 쓰기도 합니다.

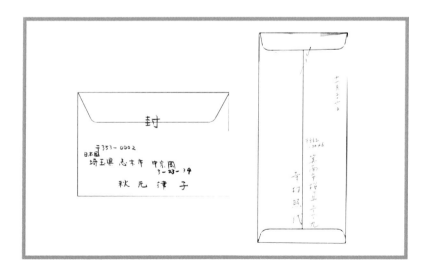

머리말과 맺음말① 頭語と結語

「하이케이拜啓」로 시작해서 「게이구敬具」로 끝맺는 의미는?

일본에서는 편지를 쓸 때 머리말과 맺음말을 넣는 것이 일반적입니다.

예를 들면 대개 편지는 「하이케이」로 시작해서 「게이구」로 끝맺게 됩니다. 「하이케이」는 「하이拜=삼가」「게이啓=말씀드리다」라는 의미이며, 「게이구」는 「게이敬=정중하게」「구具=말씀드리다」라는 뜻입니다.

편지를 보내는 상대가 매작인이나 은사일 경우에는 더 정중한 머리말과 맺음말을 씁니다. 예를 들어 「긴케이謹啓」로 시작해서 「게이하쿠敬白」로 맺는 것이 「하이케이」에서 「게이구」로 맺는 것보다 더 정중한 표현이 됩니다.

참고로 급한 용무로 편지를 보낼 경우에는 「규케이急啓」「소소草々」라고 씁니다. 계절인사를 생략하는 경우에는 앞부분을 생략한다는 의미로 「젠랴쿠前略」「간쇼冠省」 등을 씁니다. 이 경우 맺음말도 「소소草々」라고 쓰며, 이는 「대충 서둘러 써서 죄송합니다」라는 의미입니다.

더불어 사망통지나 애도와 관련한 편지에는 머리말을 생략하는 것이 관습이지만, 「게이구」 등의 맺음말은 써도 상관없습니다.

拝啓
　日本の近畿地方もようやく
秋らしくなってきました。長い間
ご無沙汰していましたがお変
りありませんか。
　先だってはいろいろ結構な品を
頂戴してありがとうございました。
ビスケットは誤用例研究会で
皆でいただきましたが、Tシャツは
希望者が多く、くじ引きで清
水先生など四人の人がいただいて
帰りました。四人の人はとても喜んでい
ました。
　ではどうかお元気で！
　遅くなりましたが御礼まで。草々

머리말과 맺음말 ② 頭語と結語

왜 여성의 편지는 「가시코」로 끝맺는가

여성의 편지에서는 「하이케이拜啓」나 「긴케이謹啓」와 같은 머리말은 별로 쓰지 않고, 「몇 자 적어 말씀드립니다一筆申し上げます」와 같은 말로 시작하여 맺음말도 「게이구」가 아닌 「가시코かしこ」로 끝내는 것이 일반적입니다. 여기에는 이유가 있습니다.

헤이안 시대 초기까지는 남성은 주로 한문체로 편지를 썼으며, 그와 같은 문체를 「오토코데男手」라 불렀습니다. 헤이안 시대 중기 이후에 들어서 한자와 가나를 병용하기 시작했습니다.

그래서 「소로분候文[78]」이라는 문체가 사용되었으며, 「고자소로御座候」「오마이라세소로御参らせ候」 등과 같이 「소로候」가 편지에 많이 사용되어, 가마쿠라, 무로마치, 에도 시대에도 남자가 쓰는 편지문의 기본은 「소로분候文」이 되었습니다.

참고로 당시에는 두루마리에 붓으로 편지를 썼기 때문에 구두점을 붙이지 않았습니다. 이를테면 「소로候」가 구두점을 대신했습니다. 현재에도 특히 의례적인 편지나 부고문 등에서 구두점을 붙이지 않는 경우가 많습니다.

한편, 가나문자가 만들어지자 처음에는 귀족이나 학승学問僧들이 이를 사용했습니다. 그리고 나중에 여성들이 히라가나平仮名로 편지를 쓰게 되었습니다. 히라가나는 유려하고 여성스러운 문자로 「온나데女手」「온나모지女文字」라 불리며, 남성의 문체와 구별되었습니다.

지금도 여성의 편지 끝에 「가시코」라 쓰는 것은 그때의 흔적입니다. 「가시코」는 「황송하다」라는 의미의 「가시코시畏し」의 어간으로, 「가시코可祝」「가시쿠かしく」라고도 쓰며 「이만 실례하겠습니다」라는 의미입니다.

계절인사 時候のあいさつ

사계절의 변화가 뚜렷한 일본에서는 계절에 대한 감성이 풍부하게 발달했습니다. 특히 일본인은 계절의 변화에 민감하여 편지를 쓸 때에도 의례적으로 그때그때 계절의 정경을 묘사하는 인사로 시작하는 것이 관습입니다.

그러나 편지 첫머리에 쓰는 계절인사는 음력 달의 호칭이나 24절기에 따르기 때문에, 현재의 계절감과는 다소 차이가 있습니다. 예를 들어, 몹시 더운 날이 계속되고 있어도 일단 8월이 되면「여름의 막바지입니다」라고 씁니다.

또한 계절인사로 사용되고 있는 단어 자체가 현재는 잘 쓰지 않는 말인 경우도 많습니다.

예를 들어, 1월의 편지나 연하장에서는「송춘頌春」이라 쓰는 일이 있습니다. 이「송頌」은「칭송하다」라는 것으로,「송춘」은「봄을 칭송하다」라는 뜻입니다. 또 3월의 계절인사인「경칩啓蟄」은「동면을 하고 있던 벌레가 땅 위로 나와 활동하기 시작하는 시기」라는 뜻인데,「송춘」「경칩」 모두 이제는 편지 이외엔 거의 쓰지 않는 말이 되었습니다.

그러므로 이러한 관용구에 얽매이지 않고 현대풍의 계절인사로 표현해도 상관없습니다.

はや入梅の候となりましたが、いかがお過ごしでしょうか。

さて、私ことこの六月一日付で筑波大学より大阪大学文学部に転ずることになり、住まいもこのほどみのおの旧居に移しました。

八年あまりにおよぶ筑波在勤中は家族共々多くのよき友人、学生に恵まれ、楽しい思い出を持つことができましたことを感謝しております。

公私ともにお世話になりありがとうございました。

阪大では日本学科で現代日本語学を担当することになっています。

今後ともよろしくお願いいたします。

一九八七年六月

寺　村　秀　夫

勤務先　☎560
豊中市待兼山一―一
大阪大学文学部
電話（０六）八四一―一五一

自宅　☎562
箕面市桜ヶ丘三丁目一―九
電話（０七二）二二―六四七一

送別パーティ、ありがとう。
元気よく、よい論文を仕上げて
下さい。では会いましょう。

연하장 年賀状

원래 연초에는 서로 신년을 축하하는 관습이 있었습니다. 새해인사를 올리기 위해 설날에 상사나 윗사람의 집을 찾아가 인사했고, 연하를 받는 쪽도 술, 안주, 떡국 등을 준비해 찾아오는 이를 대접했습니다.

그러나 연하인사를 가지 않는 사람은 신년인사를 편지로 대신하였습니다. 그리고 이것이 지금의 연하장을 보내는 관습으로 이어졌습니다.

현재 새해 축하는 연하장만으로 끝내는 일이 많아졌는데, 이때 「긴케이謹啓」「하이케이拜啓」라는 머리말은 필요 없으며, 「하정賀正」「근하신년謹賀新年」 등을 씁니다.

참고로 마지막 날짜를 「1월 원단元旦」이라 쓰는 사람이 있는데, 「원단」이 바로 「1월 1일의 아침」을 뜻하므로 1월이라는 말은 쓸 필요가 없습니다.

162

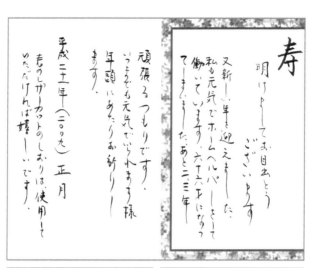

明けましてお目出とう
　　　　　　　ございます
又新しい年を迎えました。
私も元気でホームヘルパーとして
働いています。六十六才になっ
てしまいました。あと二三年

頑張るつもりです。
いつまでも元気でいられます様
年頭にあたりお祈りし
ます。

平成二十一年（二〇〇九）正月

走りしガールカットのしおりは使用して
いただければ嬉しいです。

Happy New Year
今年もよろしくお願いします
2002.1.1

旧年中はいろいろな面で朴さんには
ご厚情いただきまして感謝しております。
今年はまずは僕達の腕を仕上げることに
がんばりたいと思います。
今年一年もよろしくお願いいたします。

여름 문안인사 暑中見舞い

여름 문안인사는 원래 오본 날 선물하는 관습이 간소화 된 것입니다.

옛날에는 오본 날 귀성할 때에, 조상의 혼령에게 바치기 위한 물품을 가지고 가는 관습이 있었습니다. 그것이 차츰 신세 진 사람들에게 선물하는 관습으로 되었습니다.

본래는 직접 찾아가서 전하는 것이 관례였으나 점차 간소화되어 편지로 대신한 것이 현재의 여름 문안인사입니다.

여름 문안인사는 24절기의 「소서小夏」(7월 7일 정도)부터 「입추立秋」(8월 8일 정도)에 걸쳐 보내는 것이 관례로, 입추가 지나면 「늦더위 문안인사」라 합니다.

그리고 오본 선물의 관습은 오추겐으로 이어졌습니다.

暑中お見舞い
　　　申しあげます

　お元気にてご活躍のご様子、なにより
かと思います。
　京都外大では佐治・井村・矢野先生
が定年でお辞めになり、鎌田先生も名古
屋の南山大学へ移られ、新しい先生が入って
こられて、すっかり若がえりました。
　またお会いできるのを楽しみにしております。
ご自愛のほどをお念じあげます。

　　　　　　　京都外国語大学
　　　　　　　中川良雄

편지의 금기어 手紙の禁忌言葉

일본은 언령言靈[79]의 나라라 특히 말의 의미에 대해 민감하기 때문에 편지에서도 불길한 말을 삼갔습니다.

예를 들어 결혼, 출산, 생일, 신축과 같이 경사스러운 편지를 보낼 때 결혼에 관한 편지에는 「헤어지다」「끊어지다」「떠나다」「멀어지다」와 같은 표현은 쓰지 않으며, 출산을 축하하는 편지에서 「흘러가다」와 같은 표현은 삼갔습니다.

축하편지에 「쇠하다」「낡다」「흐트러지다」 등을 쓰거나 신축이나 개점에 관한 편지에 「불」「지다」「타다」「도산하다」라고 쓰는 것 역시 금기사항입니다.

경사스러운 일뿐만 아니라 불행한 일에도 불길한 말이 있습니다. 예를 들어, 불행이 겹친다는 의미로 「부디くれぐれも」「거듭重ね重ね」과 같이 반복되는 말이나 「또」「재차」「이어서」 등과 같이 불행이 다시 오는 것을 연상시키는 말들은 쓰지 않도록 주의해야 합니다. 더불어 불길한 말은 아니지만, 편지의 문장 내에서 이름이나 지명 등의 단어가 두 줄로 되는 것은 피해야 합니다. 말이 깨져서 운이 나쁘다고 생각하기 때문입니다.

역주

78 소로분候文 : 우리의 이두와 비슷한 일본 옛글로 「候(そうろう)」라는 말을 사용하는 문어체의 글.

79 언령言靈 : 고대에 말에 깃들어 있는 것으로 믿어졌던 신비로운 힘.

제9장

장례식의 관습

사람은 태어나서부터 죽을 때까지 많은 의식을 경험합니다. 관혼상제는 그 대표적인 것
인데, 그중에서도 「경조사가 겹칠 때에는 불행한 일을 우선시해라」라고 할 정도로 죽은
사람을 공양하고, 명복을 비는 것을 중요시했습니다.
죽은 사람에 관한 공양은 종파 구분 없이 많은 관습이 있으나 어느 것이나 일본인만의 종
교관, 조상신앙의 형태를 띠고 있다는 것이 그 특색입니다.

임종의 물 末期の水

왜 죽은 사람의 입에 물을 축여주는 것일까

임종에 임박해서 의사로부터 죽음을 선고받으면,「임종의 물末期の水」이라 하여 가족이나 형제자매와 같은 친인척이 순서대로 탈지면이나 가제에 물을 적셔 죽은 사람의 입술을 축여줍니다.

임종의 물은 원래 불교에서는「시니미즈死に水」라고 합니다. '저세상'에서는 식사를 하거나 물을 마실 수 없다고 생각했습니다. 그래서 저세상에 갈 때 물을 가지고 가야 한다는 생각에서 '이 세상'에 남은 사람들과의 마지막 이별의식을 행한 것이기도 합니다.

수의死装束

임종의 물이 끝나면 가제 또는 탈지면에 미지근한 물이나 알코올을 적셔 시신을 깨끗이 닦습니다. 이것을 불교에서는 「유칸湯灌」이라 하여, 예전에는 가족들이 시신을 큰 통에 넣어 깨끗이 씻었지만 최근에는 장의사가 도맡아 하는 경우도 많아졌습니다.

유칸湯灌이 끝나면 여성은 엷게 화장을 시키고, 남성은 수염을 깎아 시신을 단정히 한 후 수의를 입힙니다.

예전의 수의는 맞춤 고소데小袖80나 가타비라를 입혔습니다. 또 불교에서는 극락정토로 여행을 떠난다고 하여 하얀 손등싸개, 각반 그리고 짚신에 지팡이를 들게 하고, 육문전六文錢81이나 곡물 등을 넣은 주머니를 함께 넣기도 했습니다.

육문전을 지니게 하는 것은 '저세상'으로 갈 때 삼도천三途の川을 건너는 통행료가 필요하다고 생각했기 때문입니다.

삼도천은 저승으로 가는 도중에 있으며, 강에는 느리고 빠른 세 개의 여울이 있다고 생각했습니다. 착한 사람善人은 육문전으로 다리를 건널 수 있지만 가벼운 죄를 지은 사람은 얕은 여울을, 무거운 죄를 지은 나쁜 사람은 깊은 여울을 건너지 않으면 안 되는, 생전의 처신에 따라 다른 장소를 건너야 했습니다.

현재 수의는 대개 겉이나 안을 모두 흰 감으로 지은 옷이나 가문家紋[82]을 새긴 옷, 또는 죽은 사람이 애용했던 잠옷이나 욕의 등을 입힙니다.

옷을 갈아입힐 때에는, 평소와 반대로 상대편에서 봤을 때 왼쪽 섶을 겉으로 여며 입힙니다. 이것은 '저세상'에 가서 살아있는 사람과 죽은 사람을 분간할 수 있도록 하는 생각이 담겨 있는 동시에 비일상적인 '죽음의 세계'로 갔다는 것을 상징합니다.

기타마쿠라 北枕

초상집에서 밤샘을 하기 전에 조상을 모시고 있는 절의 승려를 모셔와 고인의 머리맡에서 독경하는 「마쿠라쿄枕経」라는 불교의식을 행합니다. 이때 고인의 머리맡에 임시 제단인 「마쿠라카자리枕飾り」를 마련합니다.

불교식인 경우에는 얼굴에 하얀 무명을 덮어 시신을 북쪽으로 하며, 병풍이 있는 경우에는 「사카사 병풍」이라 하여 위아래를 거꾸로 세웁니다.

베개를 북쪽으로 하는 것은, 석가모니가 북쪽으로 머리를 두고 입적한 데에서 유래하며, 이런 연유로 북쪽으로 머리를 두고 자는 것은 죽은 사람을 의미한다고 생각했습니다. 그러나 신도의식에서도 마찬가지로 「기타마쿠라北枕(머리를 북으로 하여 잠)」로 하므로 반드시 불교만의 관습이라고는 할 수 없습니다.

또 시신 앞에 병풍을 거꾸로 세우는 것은, 왼쪽 섶을 겉으로 여며 수의를 입히는 것과 마찬가지로 비일상적인 '죽음의 세계'로 가는 것을 상징하고 있다고 합니다.

마쿠라카자리의 형식은 종파에 따라 다르지만 일반적으로는 시신 머리맡에 하얀 무명을 씌운 작은 책상을 두어, 그 위에 꽃이나 붓순나무 가지를 꽂은 작은 꽃병, 선향 하나, 양초 한 자루 등을 함께 놓습니다. 한 송이, 한 자루와 같이 「하나」에 신경을 쓰는 것은 「두 번 다시 일어나지 않기를 바라는」 의미가 담겨 있습니다.

또 여기에 고인이 생전에 사용했던 식기에 밥을 수북이 담아 젓가락을 꽂아 놓고 공양하기도 합니다. 이것은 「부쓰젠메시仏前飯」, 또는 「이치젠메시—膳飯」라 하여, 극락정토로 떠나기 전에 죽은 사람이 식사할 수 있도록 하기 위한 것입니다.

마쿠라카자리는 대개 밤샘을 하기 전에 입관 때까지 그대로 둡니다.

밤샘 通夜

옛날 밤샘에서는 시신을 입관하지 않고 이불에 뉘어 둔 채, 유족이나 가까운 친척들이 초와 향불이 꺼지지 않도록 하며 시신과 함께 하룻밤을 지새우는 관습이 있었습니다. 이 때문에 밤샘을 요토기夜伽라고도 했습니다.

옛날에는 야생동물도 많았기 때문에 시신을 지키기 위함과 동시에 밤이 되어 나쁜 혼령邪靈이 침입하는 것을 막기 위한 것이었습니다.

최근에는 밤샘을 하기 전에 입관한 후, 시신을 제단에 안치하는 것이 일반적입니다. 밤 9시 전후로 끝내는 반절 밤샘의 경우도 많습니다. 지역에 따라서 이틀간 밤샘을 하는 곳도 있습니다. 첫날은 가까운 친척만 모여서 임시 밤샘을 하며, 다음 날에는 조문객도 모두 밤샘을 합니다.

입관할 때에는 관 안에 고인이 생전에 애용한 물건, 예를 들면 안경, 파이프, 빗 등을 함께 넣어줍니다.

밤샘에 와준 사람들에게는 「밤샘 접대」라 하여 술과 식사를 준비하는 경우도 있습니다. 이것은 부정을 씻기 위하여 뿌리는 소금과 같이, 「술은 죽음의 부정을 씻는다」라는 의미가 있기 때문에 형식적으로라도 입에 대는 것이 예의입니다.

장례식葬式

장례식은 사망부터 매장까지 치루어지는 모든 의식을 가리키지만, 옛날에는 장례식조葬式組라 하여 마을에 장례식이 있을 때 중심이 되어 도맡아 관리하는 근처 이웃사람들의 조직이 있었습니다. 지금도 마을주민의 자치 모임 등이 중심이 되어 장례식을 관리히는 지역도 있습니다.

장례식은 고인의 죽음을 애도하는 의식으로, 고인과 마지막 이별을 하는 의식인 고별식과는 다른 것이었지만, 최근에는 같은 뜻으로 쓰이는 일이 많습니다.

장례식은 승려가 중심이 되어 독경을 읊고 분향을 하며, 고인이 성불하여 '저세상'에 갈 수 있도록 기도합니다. 이 의식에는 원칙적으로 상주를 비롯해 유족이나 가까운 친척과 생전에 고인과 각별한 친분이 있었던 사람들만 참석합니다.

이에 반해 일반 조문객은 고별식에만 참석해서 분향하며 고인과 마지막 인사를 합니다.

분향焼香

　장례식이나 고별식에서 이루어지는 분향은, 고인의 영전을 깨끗이 하기 위해 향로에 말향이나 선향을 피우는 의식입니다.

　예전에는 지금과 달리, 시신을 2, 3일 보존시키는 드라이아이스 처리 등이 없었기 때문에 시신이 부패하는 것을 우려하여 말향을 피워 악취를 없앴다고 합니다.

　말향이나 선향은 붓순나무 잎으로 만들어졌습니다. 붓순나무는 독초로 사악한 것을 물리쳐 준다고 믿었습니다. 향을 피우는 관습은 중국에서 전해졌습니다. 불교식 장례에서는 분향하는 순서가 엄격하게 정해져 있어서, 고인과 가장 가까운 가족이 먼저 분향하고, 이어서 친인척, 지인, 친구 등의 순서로 합니다. 말향으로 분향할 경우 오른손의 엄지, 검지, 중지로 말향을 집어 향로에 넣습니다. 분향 횟수는 부처, 불법, 승려에게 바친다는 의미로 3회를 기본으로 하는 종파도 있지만, 특별한 규정이 없기 때문에 1회나 2회라도 상관없습니다.

　영전에 말향과 선향이 모두 준비되어 있는 경우, 독경을 하는 동안에는 말향을 피우고 그 이외에는 선향을 피웁니다.

계명 戒名

마쿠라카자리가 끝나고 입관하기 전에 「계명戒名」이 주어집니다. 계명과 반대되는 생전의 이름은 「속명」이라고 합니다.

불교에서는 입문한 후 수행을 거듭하여 「삼귀계三歸戒」라는 승려의 계층에 들어가는 것을 「수계受戒」라고 합니다. 이때 주어지는 것이 승명僧名에 해당하는 계명입니다.

그러나 생전에 삼귀계를 받은 사람은 좀처럼 드물기 때문에 일반인의 경우 사망시 특례로서 승려로부터 주어지는 계명을 받아 '저세상'에 가게 됩니다.

이 계명은 생전의 이름에서 한 글자를 넣어 붙이는데 아이는 「○○동자童子」「○○동녀童女」, 이보다 더 어린 경우에는 「○○해자孩子(해아孩児)」「○○해녀孩女」라는 계명을 붙입니다. 또 종파에 따라서는 계명이라 하지 않고 「법명法名」「법호法号」「법휘法諱」 등으로 부릅니다.

계명은 몇 개의 등급으로 나뉘어져 있으며 옛날에는 절에 금품을 기부한 정도나 신앙심의 깊이, 생전의 지위나 신분 등에 따라 달랐습니다. 지금도 기부하는 금액이 많고 적음에 따라 등급을 매기는 것이 다를 때도 있어, 이에 대해 비판하는 사람도 있습니다. 또 이 계명의 관습은 많은 불교국가 중에서도 일본에만 있는 독특한 것입니다.

참고로 신도의식일 경우에는 생전의 이름 다음에, 남성이라면 「명命」, 여성이라면 「희명姫命」을 붙입니다.

위패位牌

위패는 고인의 계명을 적은 것으로, 유족이 오본이나 피안彼岸, 기일, 또는 아침저녁으로 공양할 때 죽은 사람의 영혼과 대면하기 위해 사용하는 도구입니다.

장례식에서 사용하는 위패는 칠하지 않은 목재에 먹으로 계명을 쓴 간단한 것이지만 49제의 탈상, 1주기나 3주기에는 옻칠을 한 것이나 금박을 입힌 것 등의 위패로 바꿉니다.

위패는 자택의 불단에 안치하여 매일 모시고, 오본이 되면 본다나盆棚로 옮겨 공양을 하는 것 외에도, 조상을 공양하고 있는 절에 맡겨두고 오본이나 피안이 되면 유족들이 절에 가서 공양하는 「절 위패」라는 것도 있습니다.

위패는 가마쿠라 시대에 선종의 스님이 중국에서 일본으로 전한 것으로, 무로마치 시대에는 무가사회에서 다마시로靈代[83]로 모셨습니다. 일반 서민에게 위패가 보급된 것은 에도 시대부터라고 합니다. 지역에 따라서는 본가에 위패를 안치하는 것 외에 분가한 유족들을 위해 위패를 만들어 공양하는 「위패 나누기位牌分け」도 있습니다. 참고로 신도의식의 경우 위패에 해당하는 것을 「미타마시로御靈代」라 하며, 칠하지 않은 목재에 고인의 이름과 생년월일을 적습니다.

시주 お布施

일반적으로 「시주」는 장례식이나 불사 등에서 승려에게 하는 성의표시를 말하지만, 시코쿠四国순례나 치치부秩父순례 등에서 지역 사람들이 순례자에게 주는 금품도 「시주」라 합니다.

원래는 부처나 승려, 또는 가난한 사람에게 의복과 음식 등을 수는 것으로, 불교수행에서 욕망이나 자아를 버리며 수양을 하는 것이 시주였습니다.

시주布施의 어원은 산스크리트어의 「다나檀那」로, 「청정한 마음으로 사람에게 불법을 설명하거나 물품을 나눠주는 등 베푸는 행위」라는 의미입니다.

옛날에는 집안의 경제 사정에 따라 시주하는 금액이 달랐습니다. 그러나 지금은 독경을 할 때나 계명을 받을 때 내는 비용에 가까운 요금을 지불하는 체계가 있습니다. 그래서 본래의 의도와는 상당히 달라졌습니다.

출관 出棺

옛날에는 출관 전에 참석자들이 함께 음식을 먹는 관습이 있었는데, 이것을 「길 떠나는 식사出立ちの飯」「길 떠나는 밥상出立ち膳」 등으로 불렀습니다. 이 회식이 끝나고 밤이 되면 많은 사람들이 줄지어 서서, 장지나 화장터로 떠나는 시신을 배웅하는 장례식이 치러졌습니다.

지금은 고별식이 끝나면 관을 영구차에 싣기 전에 유족이나 가까운 친인척들이 고인과 마지막 대면을 하고 이별을 합니다. 그때 제단 위에 놓인 생화를 시신 주변에 가득히 넣는데, 이것을 「헤어짐의 꽃別れ花」이라 합니다.

그리고 관 덮개에 못을 박아 고정시키는 「못 박기」의식을 합니다. 못박기는 상주부터 시작하여 유족·가까운 친척 순으로 이루어지며, 손에 든 작은 돌로 가볍게 두 번씩 박아서 고정시킵니다.

이때 작은 돌을 쓰는 것은 혼령이 쇠망치 등을 싫어하기 때문입니다. 또 이 작은 돌은 삼도천의 돌을 상징하며, 그 강을 무사히 건널 수 있도록 바라는 염원이 담겨 있다고 합니다.

출관은 고인과 친분이 있었던 사람들이 운송하며, 영구차에 시신을 들일 때에는 발쪽부터 넣습니다. 장례식에 참석한 사람들은 합장을 하며 화장터로 향하는 차를 배웅합니다.

참고로 에도 시대까지는 주로 토장土葬을 했었지만 메이지 시대 이후 토장이 금지되어 지금은 화장을 하게 되었습니다.

향전 香典

밤샘이나 고별식에 갔을 때, 유족에게 보내는 금전이나 물품 등을 향전香典이라 하며,「향전香奠」이라고도 씁니다.「향香」은「향기」,「전奠」은「올리다」라는 의미입니다.

불교의식에서는 원래 꽃이나 공물과 함께 향을 올리는 관습이 있었습니다. 그래서 밤샘이나 고별식에 향을 지참했는데, 시대가 바뀌고 장례식에도 비용이 많이 들게 되면서 현금을 가지고 가게 되었습니다.

예로부터「좋은 일에는 적게, 어려운 일에는 많이」라고 하듯이, 향전의 경우는 조금 많은 금액을 봉투에 넣는 것이 원칙이지만,「고인이 손윗사람일 때에는 적게, 손아랫사람일 때에는 많게」, 동시에「고인이 집안의 가장이나 그 반려자일 때에는 조금 많게, 아이나 노인일 때에는 약간 적게」넣기도 합니다.

겉봉투에는 엷은 먹물로「향전御香典」「향료御香料」「영전御靈前」등과 같이 쓰며, 주기回忌의 법사일 때에는「불전御仏前」이라고 쓰는 것이 관례입니다.

향전을 받은 유족은 탈상 인사와 함께 향전에 대한 답례로 물품을 보냅니다. 흔히「반절 돌려주기」「3분의 1 돌려주기」라 하여, 받은 향전 금액의 반절, 또는 3분의 1 정도의 물품으로 답례인사를 합니다.

이때의 물품은 슬픔을 오래 간직하지 않도록,이라는 뜻으로 나중에 남지 않는 차나 김 등을 보냅니다.

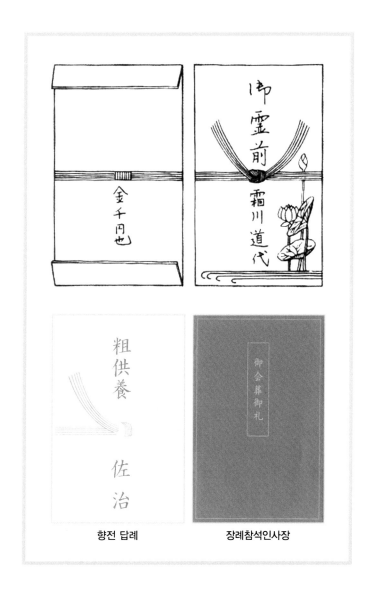

향전 답례   장례참석인사장

기중과 탈상 忌中と忌明け

상을 당한 가족은 일정 기간 상복을 입고 평소와는 다른 생활을 하는 것이 관례로, 상을 입다(「상중에 들어가다」라고도 함)라고 합니다. 일반적으로는 상복을 입는 기간服喪, 즉 「상중喪中」은 49제의 탈상까지이며, 복상 기간 중 특히 사망한 날부터 첫 7일까지를 「기중忌中」이라 합니다.

메이지 시대가 되면서 복상명이 내려져 부모가 사망했을 때의 상일喪日은 50일, 복일服日은 13개월, 남편이 사망했을 때의 상일은 30일, 복일은 13개월로 복상 기간이 정해졌습니다. 상일이라는 것은 상중 기간을 말하며, 복일은 상복을 입고 있는 기간을 말하지만, 현재 복일은 지키지 않습니다.

불교에서는 사후 49일간은, 죽은 사람의 혼령이 당도할 곳이 정해지지 않아 남은 사람들이 정성스럽게 공양해야 한다고 하여 이 기간에 고인의 추선追善[84]을 위해, 스님을 모셔와 독경·공양의 법회를 했습니다.

49제까지는 7일째마다 기일이 있어 옛날에는 7일째에 초칠일, 14일째에 이칠일 그리고 21일째, 28일째 등으로 법회를 했었습니다.

지금은 지역에 따라 다르지만 초칠일, 35일째의 오칠일, 49일째의 칠칠일과 같이 법회를 행하는 등 간소화되었습니다.

상중에 남은 유족들은 염불을 외우고 사교적인 행사에 참석하지 않습니다. 또 탈상 때까지는 비린 생선 등을 일절 입에 대지 않고 가도마쓰나 떡치기와 같은 정월 행사도 하지 않으며 오로지 상복을 입었습니다.

　지금은 이러한 관습이 대부분 없어져 다음 해의 정월을 앞두고 연하장을 못 보내는 사정을 알리는 정도입니다.

쇼진오토시 精進落とし

49일간의 상중이 끝나면 50일째부터는 평소와 같은 생활로 돌아가는데, 이것을 「탈상」이라 하여 「쇼진오토시精進落とし」를 했습니다.

원래 불교에서는 수행에 힘쓰는 것을 「정진하다」라고 했습니다. 이 수행 기간 중에는 심신을 깨끗이 유지하기 위해 행동이나 음식을 조심하고, 생선이나 고기와 같은 비린 것을 일절 금하며 오로지 채식만을 했습니다. 그리고 이 정진 기간이 지나고 일상생활로 돌아오는 것이 「쇼진오토시」였습니다.

이러한 사고방식은 장례의 관습으로서 일반인에게도 널리 퍼져, 상중에는 비린 것을 자제하고, 탈상을 하면 비로소 생선이나 고기, 술을 먹게 되었습니다.

요즘은 장례 절차가 끝나고 집에 돌아온 뒤 장례식에서 많은 도움을 받은 스님과 가까운 친인척 및 친구 등을 초대해 술과 안주를 대접하는 일이 많습니다. 이때 생선이나 고기 등의 요리도 나오기 때문에 말하자면 이것이 쇼진오토시라고 볼 수 있습니다.

주기법회 年忌法要

사후 만 1년이 지난 1주기에 법회를 준비하여 고인의 명복을 빕니다. 주기週忌는 회기回忌라고도 하며, 이와 같이 매년 돌아오는 기일의 법회를 주기年忌, 또는 주기법회遠忌法要라 합니다.

1주기의 다음은 3주기인데 이때부터는 사망한 해年도 연수에 넣기 때문에 3주기는 1주기의 다음 해에 해당합니다. 3주기의 다음은 7주기로 13, 17, 23, 27, 33, 37로, 홀수인 3과 7이 겹친 해의 주기가 이어지며 다음은 50주기, 100주기가 됩니다. 시대에 따라서는 1년이나 3년으로 끝나기도 했습니다. 가마쿠라 시대부터 무로마치 시대 무렵에는 33주기로 영세공양永代供養을 하여 그 다음의 법회는 중지했다고 합니다. 또 3주기, 7주기, 10주기 중의 어느 한 주기에 묘비를 세우는 종파도 있습니다.

이것이 신도에서는 1년제, 5년제, 10년제, 20년제, 30년제, 40년제, 50년제, 100년제의 제례로 이어집니다. 신도에서는 연수가 지날수록 고인의 영혼에 깃든 부정이 점점 옅어져 조상의 영혼에 가까워진다고 생각했습니다.

80 고소데小袖 : 소맷부리가 좁아진 형태의 일본 옷.

81 육문전六文錢 : 죽은 사람을 장사 지낼 때 관 속에 넣는 돈으로, 동전 6개 또는 종이로 동전 모
     양을 만들어 씀.

82 가문家紋 : 가문의 표지標識로 정한 문장紋章. 한 집안의 계보나 권위 따위를 상징하는 것으로,
     옛날 유럽의 귀족 사회나 일본 등에서 흔히 볼 수 있다.

83 다마시로靈代 : 신이나 죽은 이의 혼령 대신 모시는 것.

84 추선追善 : 죽은 이의 명복을 빌며 불공을 드리거나 착한 일을 하는 것.

제10장

운縁起에 관한 관습

장사나 사업을 하는 사람뿐만 아니라 대부분의 일본인은 운에 집착합니다. 그것은 지금도 '길흉을 따지다縁起を担ぐ', '불길하다縁起が悪い' 등의 말을 사용하고 있는 것을 봐도 알 수 있습니다.

운은 신앙과 관련한 것에서부터 전설이나 과거에 일어난 사건과 관련한 것까지 실로 다양합니다.

그러나 옛날부터 전해진 운에 관한 것은 서민의 경험과 생활의 지혜로부터 생겨난 것으로, 반드시 미신·속신이라고 단정할 수 없는 것도 많습니다.

대안·불멸 大安·仏滅

관혼상제 등의 날짜를 정할 때, 「대안이니까 이날에 결혼식을 올리자」라든가, 장례날을 정하는데 「도모비키友引니까 앞당겨 하자」라는 이야기를 흔히 듣습니다.

여기에서 말하는 「대안」 「도모비키友引」 등은 고대 중국의 「로쿠요六曜」라는 달력 방식에 바탕을 두고 있으며, 삼국지로 유명한 제갈공명이 전쟁 때 길흉의 날을 알기 위해 이용한 것이 그 시초라고 합니다. 이 로쿠요가 일본에 전해져 에도 시대 중기부터 급속하게 퍼졌습니다.

지금 사용되고 있는 로쿠요의 날에는 다음과 같은 의미가 있습니다.

센쇼/센가치先勝	오전이 좋고, 오후는 좋지 않다.
도모비키友引	정오에만 흉하다.
센푸/사키마케先負	오전이 좋지 않고, 오후가 좋다.
불멸仏滅	하루 종일 모두 흉하다.
대안大安	하루 종일 좋은 날. 대안 길일이라고 한다.
샤쿠/샤코赤口	낮에만 길하다. 아침·저녁은 흉으로, 재난을 만나기 쉽다.

본래는 중국에서 전쟁이나 싸움의 길흉을 정하는 것이었는데, 일본에서는 점차 일상생활에서 사용하게 되었습니다.

그중에서도 「도모비키」는 원래 「상대방에게 비겨 전쟁에서 승부가 나지 않는다는 의미이지만, 「도모비키友引」의 한자가 갖는 의미가 「친구를 끌어들이다」라는 뜻이라 장례식 등에서는 삼가게 되었습니다.

메이지 시대가 되어 태양력이 사용되자 로쿠요에 따른 길흉이 실린 역주(달력에 주를 달은 것)는 금지되었습니다. 그러나 로쿠요는 오랫동안 일본인의 생활에 관습으로 남아 있었기 때문에 지금까지도 달력 등에는 이 역주가 사용되기도 합니다.

제10장 운연기에 관한 관습

오미쿠지 おみくじ

신사를 참배한 뒤 오미쿠지おみくじ를 뽑아 길인지 흉인지를 점치게 된 것은 에도 시대 무렵부터지만, 제비를 뽑아 신의 뜻을 묻는 것은 옛날부터 있었습니다.

오미쿠지는 한자로「御籤」「御神籤」이라 쓰며, 신의 뜻을 헤아리기 위해 쓰였습니다.

가마쿠라 시대에는 서로 의논하여 문제가 해결되지 않으면 마을 사람들이 각각 이름을 종이쪽지에 적은 다음, 신주가 액막이를 한 뒤 그 종이쪽지를 뽑아 결정했다고 합니다. 예를 들면, 농촌에서 논에 물을 끌어오는 순서를 정할 때나 일부 지역에서는 산림을 일구어 경작과 조림을 번갈아 하는 밭인「기리가에바타케」의 배분을 정하거나 또는 어촌에서 어장의 할당을 정할 때 등입니다.

예로부터「신과 부처님은 공평하다」라고 믿었으며, 또「우연히 일어난 일도 공평하다」라는 사고방식이 있었기 때문에 오미쿠지를 이용하는 것은 지역공동체의 상호작용을 원활하게 하는 수단이기도 했습니다.

무로마치 시대에는 아시카가 막부의 6대 장군을 정할 때 슈고다이묘守護大名[85]들의 의견이 갈라져 일치하지 않았기 때문에, 이와시미즈하치만구石清水八幡宮 신을 모신 신전에서 오미쿠지를 뽑아 정했다는 기록이 남아 있습니다.

참고로 모든 일을 정할 때 제비를 뽑는 것 외에 「아미다쿠지[86]」가 사용될 때도 있습니다. 이 「아미다쿠지」는 원래 종이 위에 아미타불의 광배光背처럼, 방사선을 그려 제비를 뽑은 것에서 「아미다쿠지」라 불리게 되었습니다.

미코시 神輿

마쓰리가 시작되면 이마에 수건으로 머리띠를 동여맨 핫피法被[87] 차림으로 미코시를 짊어지고 당당한 기세로 마을 안을 도는 사람들의 모습을 볼 수 있습니다. 그야말로 일본만의 독특한 풍경입니다.

미코시神輿는 원래 씨족신의 신령을 태운 가마로, 즉 신령의 탈것을 말합니다. 마쓰리가 시작되면 신령을 미코시에 태우고 씨족신의 후손이 살고 있는 지역을 돌았기 때문에, 후손들은 일부러 신사에 나가지 않아도 집 근처에서 신사참배를 할 수 있었습니다.

본래는 신령을 짊어지고 조용히 도는 것이 관습인데, 신사에 따라서는 가마를 메어 나르는 신관의 호흡이 미코시에 미치지 않도록 입에 종이를 물고 짊어졌다고 합니다.

그런데 에도 시대 이후가 되면서, 각지에 각양각색의 미코시 형태가 생겨나 일부러 미코시를 흔들거나 미코시끼리 서로 부딪친다거나, 바다나 강에 넣는 등 정말로 신령도 놀랄만한 미코시가 나타났습니다.

엔니치 縁日

어떤 '인연縁'에 관한 것인가

일본인이라면 누구든지 어릴 적에 금붕어를 맨손으로 건지거나 솜사탕 등을 사서 놀았던, 그리운 엔니치縁日의 추억이 있을 것입니다.

원래 엔니치는 문자 그대로 신이나 부처와 「인연이 있는 날」이라는 의미로, 대부분의 신사나 절에서는 각각 인연이 깊은 특정한 날이 있었습니다.

예를 들어, 이러한 특정한 날이 정해진 배경에는 8일과 12일의 약사藥師, 18일의 관음, 24일의 지장 등 숫자에 의한 것과 호랑이 날인 비샤몬텐毘沙門天, 말의 날인 이나리稲荷[88], 경신庚申의 날인 다이샤쿠텐帝釈天[89] 등, 십간과 십이지에 의한 것이 있습니다.

특히 숫자에 의한 엔니치는 대부분이 8일부터 24일 사이에 몰려 있고, 이것은 달의 둥글어짐과 이지러짐에 영향을 미쳐 달이 밝은 날 밤을 선택한다고 합니다. 또 십간과 십이지에 의한 엔니치의 경우에는 관련 있는 동물도 신앙의 대상이 됩니다.

엔니치에 참배를 하면 특별한 공덕이나 이익이 있다고 하여 에도 시대 중기부터 많은 사람들이 신사와 절을 찾아와서 붐비게 되었습니다.

한편, 이러한 참배자들을 대상으로 상인들의 장이 서게 되었으며, 가설흥행장이나 포장마차, 노점 등도 생겨나서 엔니치는 서민의 신앙을 모이게 함과 동시에 일종의 오락·여흥의 장소로서 경제 활동의 중심지를 만들었습니다. 이로 인해 문전성시로 발전한 곳도 있습니다.

193 제10장 운수運勢와 관한 관습

액년厄年

액년은 재난이나 불행이 일어나는 일이 많다고 하는 남녀의 연령을 가리킵니다. 액년은 일반적으로 남자 나이 25세, 42세, 61세, 여자 나이 19세, 33세, 37세입니다.

특히 남자의 42세는 「죽음에死に」, 여자의 33세는 「매우 힘든 상태散々」와 연결된다 하여 일생 중에서도 대액이라 합니다. 대액은 액년 전해의 전액, 액년 다음 해의 후액을 합한 3년간 계속됩니다.

이러한 신앙은 원래 헤이안 시대의 음양도陰陽道사상에 바탕을 두고 널리 퍼졌습니다. 이 나이가 되면 남녀 모두 육체적으로나 사회적으로나 어려운 시기에 접하게 되므로 아직까지도 많은 사람들에게 영향을 주고 있습니다.

지역에 따라서는 십간과 십이지에 바탕을 두고, 12년마다 돌아오는 태어난 해의 13세, 25세, 37세, 49세, 61세, 73세, 85세, 99세를 액년이라 하는 곳도 있습니다.

헤이안 시대의 『겐지모노가타리源氏物語90』「와카나若菜」에서 무라사키노 우에紫上가 액년인 37세가 되었기 때문에 몸을 조심한다는 기록이 있는 것으로 보아, 예전부터 액년에 대한 의식이 있었던 것을 알 수 있습니다.

결국 액년에 해당하는 나이가 된 남녀는 재난을 피하기 위해 신과 부처에게 빌거나, 액막이를 하거나, 가능한 한 외출을 자제하는 등 공덕을 베풀고자 힘썼습니다.

지금도 액년에 대한 믿음이 강하여, 신사나 사원 등에서 액을 쫓기 위
하여 기원을 하는 사람들이 많습니다.

신사 앞 액년 게시

칠복신 七福神

칠복신七福神은 복과 덕을 가져온다 하여 숭배되어온 에비스恵比寿, 다이코쿠텐大黒天, 비샤몬텐毘沙門天, 벤자이텐弁才天, 후쿠로쿠주福禄寿, 주로진寿老人, 호테이布袋의 일곱 신을 말합니다.

예로부터 일본에 전해지는 에비스 신과 중국에서 온 후쿠로쿠주, 주로진, 호테이, 인도에서 온 다이코쿠텐, 비샤몬텐, 벤자이텐 등 각국의 신들이 합쳐져, 무로마치 시대 무렵부터 서민들의 칠복신 신앙으로 자리 잡게 되었습니다.

이처럼 각국에서 개별적으로 숭배되었던 신들이 일곱 명의 신으로 한데 모이게 된 것은 중국의 「죽림칠현竹林の七賢」 고사에 바탕을 두고 있습니다.

「죽림칠현」은 중국 진나라 시대 말기에 강소성 산양江蘇省 山陽의 죽림에 개성 있는 일곱 명이 모여 서로 술을 주고받으며 자유롭고 활발한 담론에 빠졌다는 유명한 고사입니다.

이와 같이 각국에서 따로따로 숭배되던 신들이 일본에서 일곱 명의 복신으로서 함께 받들어졌지만, 한때는 후쿠로쿠주와 주로진을 동일 인물로 착각해 주로진을 제외하고 깃쇼텐吉祥天(중생에게 복과 덕을 내리는 여신)과 성성이猩々[91]를 더하는 등, 현재의 칠복신이 되기까지 여러 번 신이 바뀌었습니다.

무로마치 시대 이후 도시와 상업이 발달함에 따라 칠복신 신앙도 널리 퍼졌습니다. 정월 첫 꿈을 칠복신으로 꾸기 위해 칠복신이 그려진 그림을 베개 밑에 넣고 자는 풍습까지 생길 정도였습니다.

칠복신 중에서도 유난히 복스러운 인상으로 대중들 사이에서 특히 인기가 많은 신은 에비스 님으로 에보시를 쓰고, 귀한 도미를 옆구리에 끼고 낚싯대를 짊어졌습니다.

원래 에비스는 이국인夷으로부터 유래했다 하여, 외국에서 떠내려 오는 표류물 중에 익사체를 보면 어부들은 요리카미寄り神 또는 에비스 님이라 부르며, 풍어를 불러오는 신으로 제사를 지냈습니다.

또 상인들이 멀리 외국과 해상교역을 하게 되면서, 에비스는 항해가 무사하기를 기원하기 위한 신으로서 동시에 상업번성의 신으로서 숭배되었습니다. 점차로 농촌에서도 벼의 풍작을 가져오는 논의 신으로 숭배되거나 아궁이의 신으로서 아궁이나 부엌 근처에서 제사 지내는 등, 서민들 사이에서도 널리 숭배되었습니다.

다이코쿠텐은 인도에서 전해진 신이지만, 일본의 신화에 나오는 오오쿠니누시노 미코토大国主命와 동일시되어 에비스 신과 나란히 숭배되었습니다. 그 이유는 다이코쿠텐이 오오쿠니누시노 미코토와 같이 커다란 자루를 짊어지고, 「오오쿠니大国」라는 이름도 「다이코쿠」라고 읽을 수 있다는 점에서 찾을 수 있습니다.

다이코쿠텐은 두건을 쓰고, 복주머니를 짊어지고, 손에 작은 망치를 들고, 쌀가마니 위에 앉은 모습으로 알려져 있습니다. 이런 모습 때문에 농촌에서는 곡물의 신 또는 논의 신으로서, 상업에 종사하는 사람들에게는 상업번창의 신으로서 숭배되어, 에비스와 마찬가지로 아궁이나 부엌 근처에서도 제사를 지내는 등 널리 숭배되었습니다.

벤자이텐도 인도에서 전해진 신으로, 서민에게는 벤텐 님弁天さん으로 알려진 여신입니다. 비파를 켜는 기악伎楽[92] 외에, 다방면의 재능을 가졌기 때문에 「벤자이텐弁才天」이라 불렸지만, 에도 시대에는 마을 사람들로부터 축재蓄財의 신으로서도 숭배되었기 때문에 한자로 「벤자이텐弁財天」이라고도 쓰게 되었습니다.

백번 참배 お百度参り

옛날에 일본인들은 신과 부처에게 기원하는 일이 이루어지기를 바라며 추운 날 폭포수를 맞거나 우물물을 머리부터 뒤집어쓰는 목욕재계 등의 고행을 하였습니다.

이와 같이 소원성취를 위해 행하는 것 중에 「백번 참배」가 있습니다. 백번 참배는 자신의 집 (또는 사찰의 문전)부터 신사나 절까지를 하루에 백번 왕복하며, 매회 신과 부처에게 두 손 모아 합장하고 소원을 비는 것입니다. 이때 백회라는 횟수를 확인하기 위해 품에 작은 돌을 넣어가서 배례할 때마다 그 작은 돌을 두고 돌아왔습니다.

이 백번 참배와 유사한 「백일 참배」가 있는데, 백번 참배가 하루에 백회 하는 것에 비해 이것은 백일 동안 매일 신과 부처에게 두 손 모아 소원을 비는 것입니다. 또 천번 참배나 천일 참배 등도 있었습니다.

모두 큰 단위로 끊기 쉬운 횟수나 일수를 정해 그것을 엄수하면 소원이 이루어진다고 믿었습니다.

그리고 백번 참배나 천일 참배의 결과 소원이 이루어졌을 때에는 신과 부처에게 감사하는 마음에서 금품 등을 봉납하는 「간하타시願果たし」나 「간호도키願ほどき」[93] 등을 행했습니다.

지금도 백번 참배는 병의 쾌유, 상업번창, 시험합격 등과 같이 주로 개인적인 소원을 기원하기 위해 하는 경우가 많으나, 옛날에는 개인적인 소원보다도 기우제와 같은 마을 전체에 관련된 일이나, 전승기원戰勝

祈願과 같이 국가에 관련된 경우가 많았습니다.

달마 ダルマ

한 쪽씩 눈을 그려 넣는 이유

달마는 쓰러져도 금방 다시 일어선다는 점에서 「칠전팔기 달마」라고 도 하여, 사업이 번창하도록 하거나 많은 운을 불러오기 위한 물건으로 서 신사나 절에서 엔니치 때 팔립니다. 특히 연말부터 3월경까지는 전 국 각지에서 달마 시장이 열립니다.

달마는 무로마치 시대에 만들어진 「일어나는 장난감」이 그 기원이지 만, 에도 시대에 달마로서 등장하고부터 급속히 많이 팔리게 되었습니 다.

달마는 실존했던 인물인 달마대사(원각대사라고도 함)의 좌선 모습을 모델로 하여 만들어졌습니다. 달마대사는 중국의 숭산嵩山, 소림사少林 寺에서 9년간이나 벽을 향해 좌선한 후 도를 깨우쳐 선종의 시조가 된 고승입니다. 그 달마대사의 형상을 모방한 것이 바로 쓰러져도 일어나 는 달마인형입니다.

참고로 현재 팔리고 있는 대부분의 달마는 양쪽 눈이 하얀 채로 있 으며 소원을 빌 때에 한쪽 눈을 검게 칠한 다음, 소원이 이루어졌을 때 다른 한쪽 눈을 검게 칠합니다. 이것은 옛날 간토지방의 양잠농가 등에 서 봄의 누에고치가 좋으면 달마에 한쪽 눈을 그리고, 가을의 누에고치 도 좋으면 다른 한쪽 눈을 그려 넣는 관습에서 시작되었다고 합니다.

「경사스럽다めでたい」의 음이 「눈이 나오다目（芽）が出る」와 비슷한 것 과도 관련이 있습니다.

마네키네코 招き猫

왜 고양이가 상업번창과 관련이 있는가

음식점이나 일품 요릿집 등에서 한쪽 손을 들고 있는 고양이 장식품을 흔히 볼 수 있습니다. 이 고양이를 마네키네코招き猫라고 부르며, 마네키네코는 돈에 관한 운을 모으거나 손님을 불러들여 사업을 번창하게 한다고 일본인들은 생각하고 있습니다.

마네키네코의 유래에 대해서는 여러 가지 설이 있으며, 널리 알려진 것은 고토쿠지豪德寺(도쿄도 세타가야구)에 얽힌 일화입니다.

어느 날 히코네彦根 영주인 이이 나오타카井伊直孝가 매사냥을 하고 집으로 돌아가던 중이었습니다. 고토쿠지의 문 앞을 지날 때 하얀 고양이 한 마리가 나타나 오른손을 들며 자꾸만 절 안으로 들어오도록 손짓해서 나오타카는 홀린 듯이 경내에 말을 탄 채로 들어갔는데, 들어가자마자 심한 천둥과 함께 절 문 앞에 벼락이 떨어졌다고 합니다.

가까스로 벼락을 피할 수 있었던 나오타카는 그 뒤 황폐해진 이 절에 막대한 금품을 기부하고, 이이집안井伊家 조상들의 위패를 안치하고 명복을 비는 절로 정했다고 합니다.

이때 오른손을 들어 나오타카를 불러들인 고양이 무덤은 현재 고토쿠지의 묘지 한구석에 묘(고양이)관음으로서 공양되어 있습니다. 이런 연유로 지금도 행운을 불러들이는 마네키네코 전설의 원조로서, 고토쿠지 문전에서는 여러 가지 하리코張り子94 고양이가 팔리고 있습니다.

또 다른 전설로 다음과 같은 이야기도 있습니다. 아사쿠사에서 막과

204

자 가게를 운영하고 있던 한 노파가 너무도 장사가 되지 않아 가게를 닫
으려고 하던 어느 날 밤이었습니다. 나이 든 고양이가 꿈에 나타나 「이
런 모양의 장식물을 만들면 가게는 반드시 번창한다」고 하였습니다. 그
고양이는 오른손을 들고 사람을 손짓하여 부르는 모습이었습니다. 노
파는 꿈이라고 생각하면서도 「마네키네코」를 만들어 가게에 두었습니
다. 그러자 과자가 날개 돋친 듯이 팔려 큰돈을 벌었다는 전설도 있습니
다. 이를 시작으로 마네키네코는 사업번창을 의미하는 물건이 되었다
고 합니다.

예로부터 고양이는 도깨비 고양이가 있다는 말이 있을 정도로 신기
한 마력을 가진 동물로 생각되었습니다. 중국 당나라로부터 일본에 고
양이가 건너왔을 때, 「고양이가 얼굴과 귀를 씻으면 곧 손님이 온다」라
는 말도 함께 전해졌다고 하는데, 여기에 마네키네코 전설의 유래가 있
는 것 같습니다.

일반적으로 오른손을 들고 있는 고양이는 돈에 관한 운수를, 왼손을
들고 있는 고양이는 손님을 불러들인다고 합니다.

제10장 운연緣起에 관한 관습

에마絵馬

「에마絵馬」는 말 그림과 소원을 적은 작은 판자로, 신사나 절 등의 경내에서 발견할 수 있습니다. 일본에서는 예로부터 신이 말을 타고 인간이 사는 속세로 내려온다는 전설이 있습니다. 오본이 되면 오이나 가지에 나무젓가락 등을 꽂아 말 모양과 비슷한 장식품을 만든 것도 사신들의 조상이 말을 타고 '이 세상'에 돌아온다고 믿었기 때문입니다.

이미 나라 시대의 『속일본기』에는, 이러한 풍습이 신에게 살아있는 말을 봉납하면서부터 기원했다는 것이 쓰여 있습니다. 그러나 신에게 살아있는 말을 봉납하는 것은 경제적 부담이 너무 커서 결국은 흙이나 나무로 말 모양을 본 떠 만든 말을 봉납하게 된 것이 오늘날 에마의 기원입니다.

무로마치 시대가 되면서 말 이외의 그림도 그리게 되었습니다. 모모야마 시대에는 유명한 화가가 그린 에마도 나타나 그들의 에마를 내걸기 위한 에마당絵馬堂이 세워지기도 했습니다.

에도 시대가 되면서 집안이 평온하고 자식을 얻어 잘 키우고 싶다는 간절한 소원과 상업번창과 같은 실리적인 소원 등을 에마에 적는 관습이 민중들 사이에서 널리 퍼졌습니다.

현재는 수험생이 전국에 있는 덴만구天満宮에 가서 합격기원의 에마를 봉납하는 관습이 유행하고 있는데, 덴만구는 학문의 신이라 불리우는 스가와라노 미치자네菅原道真를 모신 신사입니다.

데지메 手締め

손뼉 치는 것에 어떤 의미가 있는가

무사히 일이 끝났을 때 「자, 손뼉을 칩시다!お手を拝借!」라는 구호에 이어, 일동이 「짝짝짝!」 하고 데지메 박수를 치고 해산할 때가 있습니다. 또 도리노이치酉の市에서 거래가 성사되었을 때, 파는 쪽과 사는 쪽이 박수를 치거나 연말에 증권거래소의 종무식에서도 데지메 박수로 끝내는 등, 지금도 여기저기에서 데지메 광경을 볼 수 있습니다.

데지메는 원래 싸움에서 화해할 때 상대방이 날붙이와 같은 무기를 갖고 있지 않다는 것을 보이기 위해 손가락을 편 뒤 박수를 친 것이 그 기원이라 합니다. 모래판에 올라간 스모 선수가 손바닥을 마주 쳐서 소리를 낸 뒤 양손을 좌우로 벌리는 것도 같은 의미가 있다고 합니다.

데지메를 치는 방법에는 산본지메三本締め[95]와 잇폰지메一本締め[96]가 있는데, 잇폰지메는 산본지메를 생략한 형식적인 데지메입니다.

부정을 씻어내는 소금淸めの塩

일본인은 오래전부터 소금에는 부정한 것이나 더러움을 물리치고 정화하는 힘이 있다고 생각하여 신성한 곳이나 불교행사 때 부정을 씻는 것으로 소금을 사용했습니다.

원래 소금은 인간이 살아가는 데 빠뜨릴 수 없는 무기물로, 옛 일본인에게는 가장 소중한 것으로 사용되었습니다.

특히 소금에 절여 장기간 보존하면 음식이 부패하는 것을 막는 작용을 하기 때문에 소금에는 신비한 힘이 있다고 생각했습니다.

지금도 집을 지을 때 지진제地鎭祭에서 토지를 정화하기 위해 소금을 사용하거나, 스모 시합에서 선수가 모래판에 소금을 뿌리거나, 가게 입구에 소금을 담아 놓는 등 소금의 신통력에 대한 믿음은 변하지 않는 것 같습니다.

귀문鬼門

일상적으로 「○○는 귀문이다」라고 표현하는 것처럼, 귀문은 「싫어하다, 멀리하다」라는 의미로 사용하고 있습니다.

원래 「귀문鬼門」은 중국에서 전해진 것으로, 북동의 도삭度朔이라는 산에 커다란 복숭아나무가 있어, 거기에 만귀万鬼(모든 죽은 자의 망령)가 모인다 하여 귀문이라 불리게 되었는데, 여기에는 일본의 귀문과 같이 어느 방향을 금기시하는 사상은 포함되어 있지 않습니다.

이것이 일본에 전해져 헤이안 시대 중기부터 방향의 길흉을 점치거나 나쁜 기운을 물리치는 음양도에 의해, 귀문은 귀신이 왕래한다는 「북동의 구석」을 가리키게 되어 방위금기 사상도 생겼습니다. 그 때문에 북동쪽에는 불길한 일이 일어난다 하여 북동쪽 방향을 피하게 된 것입니다. 또 귀문에 해당하는 북동쪽을 「앞쪽 귀문表鬼門」이라 하고, 반대인 남서쪽을 「안쪽 귀문裏鬼門」이라 불러, 집을 지을 때에도 이 앞쪽 귀문과 안쪽 귀문 방향에 현관, 화장실, 욕실 등을 짓는 것을 몹시 꺼려했습니다.

이런 연유로 「귀문막이」라는 대책을 강구하게 되어 귀문에 해당하는 방위의 지붕에 도깨비 무늬의 기와인 오니가와라鬼瓦를 붙이거나, 마을에서는 귀문막이에 귀문당을 세우기도 합니다.

히에이잔 엔랴쿠지比叡山延暦寺는 헤이안 시대에 수도를 천도할 때에 귀문의 길흉을 피하기 위해 건립되었으며, 에도 막부도 이를 모방하여 에도성의 귀문에 해당하는 방향에 도에이잔 간에이지東叡山寬永寺를 건립했습니다.

히에이잔 엔랴쿠지

85 슈고다이묘守護大名 : 무로마치 시대에 지방에서 득세하여 다이묘가 된 슈고. 슈고는 무로마치 시대에 지방의 치안유지를 맡던 직명.

86 아미다쿠지あみだくじ : 제비를 뽑아 적힌 액수대로 추렴하는 내기.

87 핫피法被 : 옥호屋号·상표商標 등을 등이나 옷깃에 염색해 나타낸 겉옷.

88 이나리稲荷 : 오곡의 신인 우카노미타마노카미倉稲魂神, 또는 그 신을 모신 신사.

89 다이샤쿠텐帝釈天 : 본텐梵天과 함께 불법을 지키는 신.

90 겐지모노가타리源氏物語 : 헤이안 시대 중기에 나온 장편 소설. 여류 작가 무라사키 시키부 작.

91 성성이猩々 : 술을 잘 마신다는 중국의 상상 속의 동물.

92 기악伎楽 : 고대 인도 티베트 지방에서 발생하여 백제를 거쳐 일본에 전래된, 악기의 반주가 수반되는 무언 가면극. 에도 시대에 소멸되고 가면만 전함.

93 간하타시願果たし, 간호도키願ほどき : 신불에게 빌었던 일이 이루어졌을 때, 감사의 뜻으로 그 신불에게 참배하는 것.

94 하리코張り子 : 목형에 종이를 여러 겹 바르고, 마른 다음에 목형을 빼낸 종이 세공.

95 산본지메三本締め : 거래가 성사됨을 축하하여 세 번씩 거듭 치는 박수.

96 잇폰지메一本締め : 박수를 세 번씩 세 번 반복하고 마지막에 한 번 치는 박수.

제11장
관습과 관련된 속담

'속담' '구전'에는 분명 시대착오라고 생각되는 것이나 미신·속신에 가까운 것들도 있습니다. 그러나 오랜 시간이 지나 오늘날까지 전해져 내려온 '속담'의 대부분에는 현대인이 귀를 기울여야 할 만한 지언至言·명언名言·경구警句가 많이 포함되어 있는 것도 사실입니다.

정어리 머리도 신앙심에서부터鰯の頭も信心から

평소에는 값싼 생선으로 취급 받는 정어리도 입춘 전날 밤에는 호랑 가시나무 가지에 머리를 꿰어 달아 사악한 기운을 좇아낸다는 점에서 나왔다. 정어리 같이 싼 생선이라도 믿음의 대상이 되면 존귀하게 느껴 진다는 약간의 빈정거림을 담아 나타낸 말이다.

어려울 때에 신 찾기苦しいときの神頼み

평소 신앙에는 무관심하면서 정작 곤란할 때에 갑자기 신에게 도움 을 청하면서 금품을 기부하거나 신사나 절에 가서 기원하는 것을 말한 다. 비슷한 속담으로는 「절실할 때 신 찾기せつないときの神たたき」가 있 다.

부처님에게 설법釈迦に説法

완벽한 사람에 대해 미숙한 사람이 모르면서 아는 체하며 설법하는 것을 말한다. 「부처님에게 설법, 공자에게 오도釈迦に説法、孔子に悟道」라 고도 한다.

거느리지 않은 신 뒤탈 없다さわらぬ神にたたりなし

재앙을 가져오는 귀신도 가까이 하지 않으면 화를 입을 일 없다는 뜻 에서 나온 말로, 위험한 것, 쓸데없는 일에 참견하거나 끼어드는 것에 대해 경고하는 속담이다. 「군자, 위험한 일에 가까이 하지 않는다君子、 危うきに近寄らず」라는 표현도 있다.

모르는 것이 부처知らぬが仏

일단 알아버리면 불쾌한 것이나 불만을 말하고 싶어지기 때문에 오히려 모르는 체하는 것이 부처와 같이 냉정하게 있을 수 있다는 말이다. 「듣지 않는 것이 부처聞かぬが仏」「모르는 것이 부처, 보지 않는 것이 신知らぬが仏、見ぬが神」이라고도 한다.

부처님 얼굴도 세 번仏の顔も三度

원래는 「부처님 얼굴도 세 번 건드리면 화난다仏の顔も三度撫でれば腹が立つ」라는 교가루타京カルタ[97]의 말이다. 자비심 깊은 부처님이라도 세 번씩이나 얼굴을 건드리면 화낸다는 뜻으로, 타인에게 부탁을 할 때에도 절도가 필요하다는 말이다.

가도마쓰를 하룻밤 장식하는 것은 안 된다門松の一夜飾りはいけない

12월 31일이 거의 다 되어 급하게 서둘러 가도마쓰를 장식하면 안 된다는 것을 말한다. 정월은 오곡풍년을 주는 신年神様이 찾아와 그해의 행운을 주는 중요한 날이기 때문에 제대로 준비를 해야 한다는 교훈이다. 일본인이 정월을 얼마나 중요하게 생각하고 있는지 엿볼 수 있다.

가도마쓰는 저승의 이정표, 경사스럽기도 하고, 경사스럽지 않기도 하다
門松は冥土の旅の一里塚、めでたくもあり、めでたくもなし

잇큐一休 스님의 유명한 말이다. 가도마쓰는 정월의 상징으로 정월을 맞이한다는 것은 경사스러운 일이지만, 그만큼 나이를 먹어(옛날에는 새해를 맞이할 때마다 한 살씩 나이를 먹었다), 죽음에 가까워진다는 것으로 복잡한 심경이 엿보이는 말이다.

신춘휘호가 타다 남은 것이 높이 올라갈수록 글씨 솜씨도 훌륭해진다
書き初めの燃えさしが高く上がるほど、字が上手になる

정월 초이튿날 쓴 신춘휘호를 정월 대보름날에 모아서 함께 태우는 행사가 있다. 그때 타다 남은 것이 높이 올라가면 그만큼 「솜씨가 늘다手が上がる」, 즉 「글씨를 잘 쓰게 된다上手になる」 하여 기뻐했다고 한다.

돈도야키[98]로 구운 떡을 먹으면 건강해진다
どんど焼きで焼いた餅を食べると丈夫になる

사기초左義長라는 행사에서 원형으로 빙 둘러 태웠을 때의 연기를 타고 도시가미사마가 하늘로 돌아간다고 믿어 이 불로 구운 떡을 먹으면 한 해 동안 아프지 않는다고 한다.

입춘 전날에 뿌리는 콩을 나이 수만큼 먹으면 병에 걸리지 않는다
年取り豆を年の数だけ食べると病気にならない

입춘 전날에 뿌리는 콩을 도시토리마메年取り豆라고 하여, 볶은 콩은 병을 물리치는 힘이 있다고 생각했다. 이런 연유로 콩을 뿌린 뒤 그 콩을 자기 나이 수만큼 먹으면 병에 걸리지 않는다고 한다.

88일째 밤의 늦서리八十八夜の別れ霜

입춘부터 세어 88일째 밤(현재의 5월 2일 정도)이 되면 이제 서리가 내리는 것에 대한 걱정도 사라진다. 즉 안심하고 농사일을 할 수 있다는 말이다.

오본에 살생을 해서는 안 된다盆に殺生をしてはいけない

오본 날은 씨족신에게 제사 지내고 조상을 공양하는 때이므로 물고기를 죽여서는 안 된다는 것이다. 오본 기간 중에는 고기를 잡으러 나가지 않는 풍습을 가진 지역도 있다.

선반에서 경단棚からぼた餅

우연하게 선반에서 경단이 떨어지는 것 같이 좋은 일이 생기는 것을 말한다. 옛날에 경단은 오본과 같은 때가 아니면 먹을 수 없을 정도로 귀한 음식이었다.

동지에 호박을 먹으면, 중풍에 걸리지 않는다
冬至に南瓜を食べると、中風にならない

　중풍은 뇌졸중 등으로 인해 수족에 마비가 오는 것을 말한다. 동지에 호박을 먹는 것은 원래는 중국에서 전해진 것으로, 추위가 오기 전에 겨울에 부족해지기 쉬운 영양을 섭취하기 위한 생활의 지혜라 할 수 있다. 이날에「유자를 넣은 탕에 들어가면 감기에 걸리지 않는다ゆず湯に入ると、風邪を引かない」라고도 한다.

인연이란 묘한 것縁は異なもの

남녀의 결합은 이론으로는 설명할 수 없는 묘한 것이라는 말이다. 「남녀간의 인연은 어떻게 맺어질지 모르는 묘하고도 재미있는 것縁は異なもの、味なもの」이라고도 한다.

쌀겨 세 홉만 있으면 데릴사위로 가지 마라小糠三合あったら、婿に行くな

조금이라도 재산이 있다면 데릴사위로 가서는 안 된다는 것으로, 데릴사위의 어려움을 말하고 있다. 쌀겨와 음이 같은 다른 말로 바꾸면 「오지 않겠나, 오지 않겠나 라고 세 번 들어도 데릴사위와 양자로는 가지 마라来ぬか来ぬかと三度いわれても、婿と養子には行くな」라고도 한다. 그 정도로 조심했다는 것이 아닐까.

중매인은 집신 천 켤레仲人はわらじ千足

혼담을 성사시키기 위해 중매인은 집신을 천 켤레나 신고 망가뜨릴 정도로 이곳저곳을 돌아다니지 않으면 안 될 만큼 고생스러웠다는 말이다. 「중매인은 신발을 바닥낸다仲人の履物切らす」라고도 한다.

신부를 맞이할 때 부모를 먼저 보아라嫁を貰えば、親を貰え

신부를 맞아들일 때에는 신부를 보기보다도 그 양친을 보는 편이 결혼이 잘 성사될 것인지 아닌지를 알 수 있다는 말이다. 「신부를 보기보다도 부모를 보자嫁を見るより、親を見よ」라고도 한다.

시로무쿠 의상은 어떤 가풍에도 물든다白無垢の衣装は、どんな家風にも染まる

　시집의 가풍에 맞출 수 있도록 신부의상으로 시로무쿠(겉이나 안을 모두 흰 감으로 지은 옷)를 입는 것이기 때문에, 시어머니가 하는 말을 잘 듣고 따라서 그 집에 익숙해지라는 말이다.

딸이 셋이면 집안이 망한다娘三人持つと家がつぶれる

　옛날에는 시집 갈 준비를 하려면 돈이 많이 들었기 때문에 딸이 세 명 있으면 신부 쪽 집안은 경제적으로 어려워진다는 말이다.

걱정하는 것보다 낳는 것이 쉽다案ずるより産むがやすし

여성에게 출산은 중대사이지만 실제 출산을 해보면 걱정했던 것만큼은 아니라는 말. 쓸데없는 걱정을 달래는 말이다.

딸 먼저 아들 다음一姫二太郎

첫 자녀는 여자아이로, 다음에는 남자아이를 낳는 것이 이상적이라는 말. 첫 아이는 아무래도 손이 많이 가기 때문에 여자아이가 좋다는 것으로 「아이는 여자아이 한 명과 남자아이 둘이 이상적」이라고 하는 것은 잘못된 설명이다.

밭두렁을 넘고 모내기를 하면 출산이 힘들어진다
田のくろをまたいで田植えをすると、お産が重くなる

농가에 시집간 딸이 임신 중 모내기를 하면 논두렁을 넘어가다가 넘어져 유산할 수 있으니 주의가 필요하다는 말.

산후 백일은 감을 먹지 마라産後の百日、柿食うな

감을 먹으면 몸이 차가워지기 때문에 산후 직후에는 한동안 감은 먹지 않는 것이 좋다.

연말은 고토하지메부터歳暮は事始めの日から

「고토하지메事始め」는 12월 8일(지역에 따라서는 12월 13일)에 해당하며 연말대청소를 해서 정월 준비를 시작한다. 이날에는 선물하는 관습이 있으며, 특히 간사이 지방에서는 분가는 본가로, 제자는 스승에게 가가미모치를 드리는 것이 관례였다.

가난한 사람의 등불 하나貧者の一灯

비록 적은 금액이라 할지라도 가난한 사람의 기부는 마음에 불을 밝힌 것 같이 귀중한 것이라는 말.

경사스러운 일에는 적게, 불행한 일에는 많이慶事には少なく、弔事には多く

경사스러운 일의 축의금은 조금 내더라도 부의금은 많이 넣으라는 말이다. 상을 당한 사람에게는 이후의 생활을 생각해서 조금이라도 경제적으로 도움이 되게 하라는 배려를 엿볼 수 있다.

고보[99]대사도 실수를 한다弘法にも筆の誤り

고보대사처럼 글씨를 잘 쓰는 사람도 때때로 글자를 틀리는 경우가 있다는 말로, 아무리 우수한 사람이라도 실수는 있다는 것을 말한다.

명필은 붓을 고르지 않는다書、筆を選ばず

명필이라고 불리는 사람은 어떤 붓이나 종이를 사용해도 훌륭한 글을 쓴다는 말로, 「고보대사는 붓을 고르지 않는다弘法、筆を選ばず」라고도 한다.

글로써 친구를 만난다文をもって友と会す

멀리 있는 친구라도 편지를 주고받음으로써 자주 만나는 것처럼 우정을 돈독히 할 수 있다는 심경을 담은 말.

삶은 어렵고 죽음은 쉽다生は難く、死は易し

　살아가는 것은 어렵지만 죽는 것은 간단하다. 그렇기에 살아가는 것을 소중히 하라는 말.

찬물에 뜨거운 물을 넣는 것은 불길하다さかさ水は不吉

　죽은 사람을 깨끗이 씻길 때에는 평소와는 반대로 찬물을 넣고 나서 뜨거운 물을 붓는다. 이런 연유로 일상생활에서 물을 미지근하게 할 때, 뜨거운 물을 먼저 부은 다음에 찬물을 부으라는 말이다.

다다미방에서 신발은 안 된다座敷履きはいけない

　출관할 때에는 다다미방에서 신발을 신고 그대로 정원으로 나갔기 때문에 다다미방에서 신발을 신는 것은 불길하다는 말.

상복을 입을 때에는 옅은 화장喪服のときは片化粧

　상복을 입을 때 화장은 입술을 빨갛게 하지 않는 수수한 화장을 하라는 말.

부모의 50회 기일은 경사親の五十回忌はめでたい

　보통 부모의 제사는 17번째나 33번째 정도가 마지막 제사임에도 50번째 제사를 지낸다는 것은 지내는 쪽 사람이 그만큼 오래 살아있다는 것이므로 경사스러운 일이라는 말.

액년의 복은 떨어뜨리려고 해도 떨어지지 않는다
厄年の福は払い落としても、落ちず

액년에는 나쁜 것뿐만이 아니라 복이 붙었을 때도 계속 붙어 있다고 한다.

남쪽에 대나무 숲, 옆에는 상관南竹藪、殿隣

집 남쪽에 대나무 밭이 있으면 통풍이나 채광이 나쁘고, 옆에 주인이나 상사의 집이 있으면 아무래도 신경이 쓰이므로 피하는 것이 좋다는 말.

길흉은 사람에 따르지 날에 따르지 않는다吉凶は人によりて、日によらず

사람이 성공하거나 실패하는 것은 시간이나 날에 의한 것이 아니라 그 사람의 행동에 의해 결정된다. 비록 흉한 날이라도 확실하게 행동하면 걱정 없다는 말.

북쪽 방향으로 잠을 자면 병이 낫지 않는다北枕で寝かせると、病人は全快しない

죽은 사람이 나갈 때 시신을 북쪽으로 하여 제단을 마련하기 때문에 살아있는 사람이 북쪽으로 누워서 잠을 자는 것은 좋지 않다는 말이다.

다다미 위에서 상처畳の上の怪我

안전할 것 같은 집의 다다미 위에서도 다치는 일은 있으므로 어떤 경우라도 방심하면 안 된다는 훈계이다.

역주

97 가루타カルタ : 포르투갈 어의 carta에서 온 것. 트럼프와 같은 장방형의 패에 그림이나 와카가 쓰여 있으며, 놀이를 할 때에는 한 사람이 읽는 쪽의 패를 읽고, 거기에 맞는 그림 패를 다른 사람이 서로 경쟁하여 집는다. 가장 많이 집은 사람이 승리하게 된다.

98 돈도야키どんど焼き : 정월 보름날, 정초에 쓴 물건을 태우는 행사.

99 고보弘法 : 헤이안 시대 초기의 고승 고보를 뜻함.

주요 참고문헌

『日本大百科全書』26巻（小学館）

『平凡社大百科事典』16巻（平凡社）

『日本史広辞典』（山川出版社）

『故事俗信 ことわざ大辞典』（小学館）

『故事迷信・由来・ことわざ総解説』（自由国民社）

『ことば・ことわざ大全集』（主婦と生活社）

『日本社会の歴史』上・中・下巻・網野善彦（岩波書店）

『古文書入門ハンドブック』飯倉晴武（吉川弘文館）

『民族学がわかる事典』新谷尚紀・編著（日本実業出版社）

『日本人の葬儀』新谷尚紀（紀伊國屋書店）

『目からウロコの民俗学』橋本裕之・編著（PHP研究所）

『日本人の「しきたり」ものしり辞典』樋口清之（大和出版）

『人生のシキタリ一覧の本』（日本実業出版社）

『神道の世界 神社と祭り』真弓常忠（朱鷺書房）

『365日 縁起・風習読本』重金碩之（啓明書房）

『暮しに生きる 日本のしきたり』丹野顕（講談社）

『日本の風習』武光誠（青春出版社）

『日本の神々と仏』岩井宏實・監修（青春出版社）

『日本人の源流』小田静夫_監修（青春出版社）

역자 후기

이 책은 일본 황실 도서관의 수석연구관을 지낸 이이쿠라 하루타케飯倉晴武가 편저한 『日本人のしきたり』를 번역한 것이다. 「しきたり」라는 말은 「예전부터 해 오던 것」을 의미하는 말로 전통적인 관례를 가리킨다. 말하자면 이 책은 일본인들이 예로부터 전통적으로 지켜왔던 생활 관습을 연중행사에서부터 인생사의 중요한 고비인 출생과 장례, 그 밖에 일상의 소소한 편지쓰기 등에 이르기까지 항목별로 나누어, 그 유래와 현대적 의의를 알기 쉽게 설명한 것이다. 이 책의 서문에서 편저자가 밝히고 있듯이 시대의 변화에 따라 일본인들도 전통적인 관습을 외면하는 경향을 보이고 있다. 그렇지만 이 책을 읽어보면 현대 일본인의 생활양식에 전통적인 요소가 얼마나 뿌리 깊게 자리 잡고 있는가를 엿볼 수 있다.

일본인의 관습은 고대에서부터 전통적으로 이어져 온 것이 아니라 한국과 중국의 문화와 뒤섞이면서 형성되었다. 또 전통적인 생활양식 중 일부는 메이지 시대 이후, 불과 100여 년 전에 정착된 것도 있다. 예를 들어 도쿄의 메이지 신궁에서 고풍스럽게 차려입고 등장하는 신랑, 신부의 신도神道식 전통 결혼이 그러하다. 전통은 고착된 것이 아니고 고루한 것도 아니며, 시대에 따라 새롭게 구축되며 새롭게 탄생하는 것이다.

이 책을 읽는 독자가 일본인의 생활관습을 조금이나마 이해할 수 있다면 소개하는 역자들로서는 다행이라 생각한다.

역자 일동

저자 이이쿠라 하루타케(飯倉晴武)

1933년 도쿄 출생.
도호쿠대학대학원 석사과정 수료(일본사전공),
일본황실도서관 수석연구관, 오우대학문학부 교수,
니혼대학문리학부 강사 역임. 현재는 저술가로 활동.
저서 : 『일본 중세의 정치와 사료』(2003)
편저 : 『일본인의 숫자 관습』(2007)
감수 : 『일본인의 예의작법 관습』(2007) 등

역자 허인순(Huh, In Soon)

전북대 교수, 쓰쿠바대 박사과정 수료, 충남대 박사, 응용언어학, 국어학 전공.
저서 : 『12주에 OK! 초급일본어』, 『겨울연가와 나비환타지』 등
역서 : 『일본문화 키워드 305』, 『미카미문법에서 테라무라문법으로』 등

이한정(Lee, Han Jung)

동국대 일본학연구소 연구원, 도쿄대 박사, 비교문학비교문화, 일본근현대문학 전공.
논문 : 「근대화와 모방 ― '치인의 사랑'에 나타난 서양풍조」,
       「'동양'발견의 경로 ― 다니자키 준이치로의 조선, 중국여행」 등
역서 : 『일본작가들이 본 근대조선』(공역)

박성태(Park, Seong Tae)

전북대 겸임교수, 도호쿠대 박사, 사회언어학, 일본어교육학 전공.
저서 : 『일본어 쉽게 말하기』, 『이미지로 읽는 일본문화』(공저)
역서 : 『일본어의 본질』, 『재일 한국인 백년사』

일본의 연중행사와 관습 120가지 이야기

초판 1쇄 발행일 2010년 9월 13일

지은이 이이쿠라 하루타케
옮긴이 허인순·이한정·박성태
펴낸이 박영희
편집 이은혜·이선희·김미선
표지 강지영
책임편집 강지영
펴낸곳 도서출판 어문학사
　　　　132-891 서울특별시 도봉구 쌍문동 525-13
　　　　전화: 02-998-0094 / 편집부: 02-998-2267
　　　　팩스: 02-998-2268
　　　　홈페이지: www.amhbook.com
　　　　e-mail: am@amhbook.com
　　　　등록: 2004년 4월 6일 제7-276호

ISBN 978-89-6184-093-4 03910
정가 15,000원
※잘못 만들어진 책은 교환해 드립니다.

이 도서의 국립중앙도서관 출판시도서목록(CIP)은
e-CIP홈페이지(http://www.nl.go.kr/ecip)에서 이용하실 수 있습니다.
(CIP제어번호 : CIP2010003203)